RELATIONE
DEL REAME DI CONGO ET DELLE CIRCONVICINE CONTRADE

Tratta dalli Scritti & ragionamenti
di Odoardo Lopez Portoghese
PER FILIPPO PIGAFETTA
Con disegni vari di Geografia di
piante, d'habiti, d'animali, & altro.
Al molto Ill.re & R.mo Mons.re ANTONIO
MIGLIORE Vescouo di S. Marco &
Commendatore di S. Spirito.

IN ROMA
Appresso Bartolomeo Grassi.

AL MOLTO ILL.re ET REVER.mo MONS.re ANTONIO MIGLIORE VESCOVO DI S. MARCO, ET COMMENDATORE DI S. SPIRITO.

Molto Illustre & Reuerendissimo Monsignore.

TRA tutte l'opre, che l'huomo in questo mondo è tenuto di fare, il Saluatorno nostro nel gran dì delle pene, & de' premi, non dimanderà cóto di alcuna cosa táto in particolare, quáto di quelle, che alla misericordia pertengono, & alla pietosa accoglienza, & cura de' bisognosi, & in necessità ridotti. Et per certo si vede, come impresso nella natura humana, & comune à tutte le genti anco barbarissime l'hauer compassione degli afflitti, & infermi, & esser loro benefattore. Per la qual cosa trouandosi per tutto l'vniuerso poueri, & sempre, sono etiandio fabricati hospitali, & publiche limosine loro constituite. Ma in modo più sublime nella città di Roma doue senza dubbio maggior numero di luoghi caritatiui, & d'albergo per li meschini d'ogni conditione sono stabiliti, che non pure in qual si voglia altra città, ma ne anco regione del mondo. Ben risplende sopra gli altri l'ospitale di S. Spirito, al reggimento del quale

V.S.

V. S. Reuerendiss. fù da Sisto PP. V. di felice memoria, Commendatore eletta, chiamandola dalla città di S. Marco, al cui Vescouato l'haueua prima esaltata. Vide il sapientissimo Principe, che lo stato di quel patrimonio haueua bisogno di persona, oltre alla chiarezza del sangue, d'alto affare, & prudente, & di moderata vita, & monda conscienza, che lo migliorasse, & desse compimento alle fabriche, & ricuperasse quasi, Postliminio, per così dire, li suoi beni per l'adietro trasandati, & contenesse ogn'uno in offitio, & vbidienza. Ilche haue per eccellenza V. S. Reuerendiss. ad effetto mandato: & fù prouidenza di quel santo Pōtefice l'imporre à lei cotal'incarico, sì per cagione delle cose predette, & sì per gl'anni seguenti, & massime per questo, che corre, doue con la maluagità d'una pessima stagione, & carestia quasi d'ogni alimento, gli huomini soprafatti dal digiuno, per le vie cadeuano infermi, & in copia tāta soprabōdauano in quell'hospitale, concorrendoui d'ogni intorno, che dopo la fondatione di lui non s'hà memoria, ne anco al tempo delle pestilentiose mortalità, che fosse giamai più necessario il chiudere di muro li portici della publica strada per collocarui i letti de' malati che ascesero alla somma di otto cento. Li bambini seguentemente moltiplicarono all'incredibile, di maniera, che li nati anche di matrimonio, per non vederli morir di fame, furono dalle proprie madri, à cui mancaua il latte per lo disagio,

sagio, esposti celatamente al misericordioso *** ello: alcune delle quali poscia, mature già le spiche, & l'ubertosissima ricolta soprauenuta, gli raddomandarono. Nelle quali ar due strette, quantunque assai ne perissero di contagioso male, nondimeno ella personalmēte visitaua quella gran moltitudine de' malati, & procuraua ciascun giorno che fossero dell'anima, & del corpo ben nutriti, & medicati, sostenendo con molta sua commendatione il peso di quel periglioso offitio, & prouedendo, che non fallissero in tanta scarsità li necessari cibi non solo alla famiglia ordinaria, la quale per li sbanditi, che infestauano, molto s'accrebbe, ma ne anco à quella smisurata turba. Atto di charità fu etiandio, quando poco prima di questi accidenti V.S. Reuerendiss. raccolse il Romito Portoghese capitato di Congo à Sisto PP. V. di memorabile, & santa ricordatione, ordinando à me che sotto certi capi ritrahessi la Relatione del Reame di Congo, & di quelle remotissime contrade, doue egli hauea soggiornato intorno à 12. anni, per douerla poi à commune utilità stampare, senza la qual amoreuolezza saremmo priui di vna historia singulare, à nostri poco manifesta. Hor il Portoghese porgeua à me questa Relatione in suo idioma, & io dalla viua voce di lui nel medesmo tempo la trasportaua nel nostro: onde non è marauiglia, se tal'hor' occorre alcun senso nelle parole non così domestico al volgo degli scrittori della nostra lingua,

percioche

perciochè seguendo il suo dettare, che fu & interrotto & non popolesco, sono per auentura trascorso in qualche detto non così dalla Corte vsitato. Nel rimanente la notitia delle cose in questi libri contenuta è pellegrina, & conueniente ad huomini di stato, & di grande ingegno, & à Filosofi, & Geografi. Promise di ritornare con amplissime informationi, & supplir à ciò che qui altri potrebbe richiedere, insino à tanto, che arriui goderemo questa figurata scrittura, che io intitolo à V.S. Reuerendiss. poiche ella non risparmiando nè fatica, nè diligenza l'hà cortesemente à noi procurata. Di Roma à 7. d'Agosto 1591.
Di V.S. Reuerendiss.

Seruitore

Filippo Pigafetta

TAVOLA DE' CAPITOLI
che in quest' opera si contengono.

LIBRO PRIMO.

Nauigatione da Lisbona al Regno di Congo. Cap. I.   à carte 1
Del temperamento dell'aria del regno di Congo, & se vi è freddo grande, ò caldo, & se gli huomini sono bianchi ò negri, & se più negri, ò meno siano quelli delle montagne, ò del piano, & de' venti & pioggie, & neui di quelle contrade: & di che statura, & sembiante sono gl'huomini di quel paese. Cap. II.   6
Se li figli de' Portoghesi bianchi nati in quelle parti delle femine di Congo, sono neri ò bianchi, ouero oliuastri che li Spagnuoli chiamano Muluti. Cap. III.   8
Del circuito del regno di Congo, & de' suoi lati, & confini. Cap. IIII.   9
Del lato della Tramontana del regno di Congo, & de' suoi confini. Cap. V.   13
Del lato d'Oriente del regno di Congo, & de' suoi confini. Cap. VI.   17
Delli confini del Regno di Congo inuerso Mezo giorno, & di Ponente. Cap. VII. 18
Del circuito del regno di Congo posseduto al presente da questo Re, secondo li quattro lati descritti. Cap. VIII.   24
Prouincie del Regno di Congo.   25
Animali della contrada di Pamba.   25
Della prouincia di Sogno, che è contrada del fiume Zaire, & di Loango. Capitolo IX.   34
Della terza contrada chiamata Sundi. Cap. X.   35
Della quarta prouincia detta Pango. Cap. XI.   36
Della quinta regione, che si dice Batta. Cap. XII.   36
Della sesta, & vltima contrada chiamata Pemba. Cap. XIII.   38

LIBRO SECONDO.

Del sito della Città Reale del Regno di Congo. Cap. I.   39
Dell'origine, & del principio del Christianesmo del regno di Congo, & come li Portoghesi conseguirono questo commertio. Cap. II.   42
Morto Don Giouanni primo Re Christiano gli succeße il figlio Don Alfonso, & le guerre contra il fratello, & de' miracoli accaduti, & della conuersione di quei popoli. Cap. III.   48
Morte del Re Don Alfonso, & successione di Don Pietro, & come prima s'habitò l'Isola di San Tomaso, & del Vescouo mandatoui, & altri grandi accidenti per cagian della religione, & della morte di due Re per congiura de' Portoghesi, & de' Signori di Congo, & come si spinse il legnaggio Reale, & la cacciata
de'

de' Portoghesi. Cap. IV. 55
Discorrimenti delli popoli Giachas nel reame di Congo, & sue conditioni, & arme, & della presura della Città reale. Cap. V. 59
Manda il Re di Portogallo sussidio, & Ambasciatore al Re di Congo, & si dinega à quel Re la conoscenza delle caue delli metalli abondanti in Congo, & nel medesimo tempo il Re di Congo spedisce Ambasciatori in Spagna à dimandare sacerdoti, & cioche loro auenne, & come mando diuerse mostre di metalli, & del voto di Odoardo Lopez. Cap. VI. 60
Della Corte del Re di Congo, & degl'habiti di quelle genti, auanti che si facessero Christiani, & dapoi: della mensa reale, & del modo della Corte. Cap. VII. 66
Delli paesi, che si trouano oltre al regno di Congo inuerso il Capo di Buonasperanza, & del fiume Nilo. Cap. VIII. 70
Del Regno di Sofala Cap. IX. 72
Del rimanente della costa del mare Oceano insino al Rosso mare, & dell'imperio del Prete Gianni, & de' suoi confini, & del celebre fiume Nilo, & della sua origine. Cap. X. 78

Il fine della Tauola.

RELA-

RELATIONE DEL REGNO DI CONGO, REGIONE DELL'AFRICA,

TRATTA PER FILIPPO PIGAFETTA dalli ragionamenti del Signor Odoardo Lopez Portoghese.

NAVIGATIONE DA LISBONA al Regno di Congo. Cap. I.

L'ANNO MDLXXVIII. che s'imbarcò Don Sebastiano Re di Portogallo all'acquisto del Regno di Marocco, Odoardo Lopez natio di Beneuento, terra 24. miglia lōtana da Lisbona, presso la ripa Australe del fiume Tago, nauigò parimente il mese d'Aprile uerso il porto di Loanda, situato nel reame di Congo, sopra vna naue chiamata S. Antonio pertinente ad vn suo zio, carica di mercantie diuerse per quel Regno; & fù seguita da vn Patacchio (che è legnetto picciolo), a cui diede continuo buona conserua, porgendoli aiuto, & guidandolo co' lumi la notte, affine che non ismarrisse il camino ch'ella teneua. Arriuò all'Isola di Madera del Re di Portogallo lontano da Lisbona d'intorno à 600. miglia, oue dimorò 15. giorni per fornirsi di rinfrescamenti, & di vino, che in grandissima copia nasce in quell'Isola, & forse de migliori del mondo (conducendosene fuori in diuerse contrade, & massimamente in Inghilterra) & d'altre confetture, & conditi di zuccaro, che iui molti, & per eccellenza si lauorano. Sciolsero da quell'Isola poi, lasciando le Canarie tutte pertinenti alla Castiglia, & presero porto ad vn'Isola di quelle di capo Verde, senza però hauere di lui vista, nomata S. Antonio, & d'indi ad vn'altra detta S. Giacopo, che cōmanda a tutte quell'altre, & vi sta il Vescouo, & il Capellano che le reggono, oue si prouiddero di vittuaglie. Qui non pare al proposito di narrare il numero dell'Isole Canarie che sono molte, ne anco far mentione di quelle di Capo Verde, ne produrre nel mezzo l'istoria de'siti loro, aspirando al Regno di Congo, & fermandosi quella naue per passaggio

paſſaggio ſolamente,& maſsime non mancando relationi,& hiſtorie aſſai, le quali rendono in particolarità conto di quelle regioni. Solo dirò che queſte Iſole di Capo Verde furono da Tolemeo ſtabilite per lo principio dell'Occidente nelle tauole della ſua Geografia,inſieme col capo chiamato da lui Corno vltimo,& quelle Iſole Macarie, cioè beate,che noi diciamo Fortunate,& che li Portogheſi vi ſmontano,& in quelle contrade traficano con diuerſe robbe,come pallotte di vetro di varij colori, & altre coſe tali molto amate da quelle genti,& tele di Olanda,& berrette,& coltelli, & panni colorati,di eſſe riportano in iſcambio ſchiaui,cera,mele,& altri alimenti,tele di bambagia di colori differenti. Oltre aciò al dirimpetto fra terra ſono li paeſi,& le fiumane della Guinea,& di Capo Verde,& la Sierra Liona,cioè montagna Leona grandiſsima,& molto celebre. Dall'Iſola predetta di Santo Giacopo dirizzarono la proda in verſo il Breſil, coſi douendoſi fare per guadagnar il vento,& con paraggio conueneuole a tempi che regnano in quelle ſtagioni, per giungere alla fine del viaggio loro. Due ſono le vie per le quali ſi nauiga dall'Iſola di San Giacopo a Loanda porto del Regno di Congo, l'vna faſsi per la coſta dell'Africa, l'altra per l'alto Oceano, allargandoſi col vento di Tramontana, che in quelli meſi ſpira, quaſi ſempre chiamato North da Portogheſi, & da Caſtigliani, & da' Franceſi, & da tutte le genti del mare del Settentrione & volgendo la proda ad Oſtro, & Garbino ſeguire auanti inſin preſſo il Capo di Bona Speranza, laſciando adietro il Regno di Angola per douerui poi ritornare; & peruenendo all'altezza di 27. in 29. gradi di là dall'Equinottiale all'oppoſito del noſtro polo, che in queſta ſcrittura nomineraſsi l'Antartico, cioè contra l'Artico, che è il noſtro Settentrione,& l'Antartico il contrario ouer mezo giorno.

In quell'altezza dunque dell'auuerſo polo ſogliono li nauiganti incontrare venti che chiamano generali ſpiranti quaſi tutta la noſtra eſtate, & nomati da loro Nordeſt, & Nordeſtes,nel numero del più, che ſono appo noi Italiani li venti dal Greco inſino al Leuāte della Primauera,che per auuentura li Venetiani in ſuo idioma dicono Leuantiere, & li Greci & i Latini chiamano Eteſij,cioè che ogn'anno ſoffiano a determinata ſtagione.

Coſi nauigando inſino a 29 gradi dell'Antartico,col vento di Tramontana, accade effetto admirabile, peroche alcuni ſentendo li primieri venti generali, girano le vele,& inuiano la proda al camino dritto d'Angola, & aſſai ſouente ſono ingannati,mancando loro.

Il migliore è l'andar molto innanzi,& aſpettar il vento gagliardo, & poſcia ritornare a dietro, perche perſeuera fin'al deſiato porto, in che ſi nota per accidente memorabile,li venti ſpirare da Tramontana fermi, inſino all'altezza di 29 gradi oltra l'Equinottiale, & iui poi occorrere altri venti i quali più furioſi di queſti gli ributtano, & ciò eſſere di ſtagione ſei meſi dell'anno. Hor tenendo il predetto viaggio la naue S.Antonio trouò li pre
detti

DEL REGNO DI CONGO LIB. I.

detti vēti generali & riuoltarono la proda, & le vele per Tramōtana, & mae stro alla destra in verso il reame di Cōgo, & orzādo à mezza Naue peruēne ro in 12. giorni cō le sue notti all'Isola di S. Elena nō cercādola, & senza pe sarui, la quale è cosi detta, percioche la festa di quel giorno, che cade a 3. di Maggio fù da Portoghesi primieramēte veduta. Questa Isoletta è tanto piccola, quanto singolare: imperoche situata in altezza di 16. gradi verso l'Antartico, gira noue miglia, & è lontana dalla terra ferma. Nauigando si scopre 30. miglia da lunge per alcuni monti, & è vn miracolo della natura in quell'Oceano smisurato sola, & si piccola surgendo fuori dell'onde tēpestose, & altissime, & porgendo stanza sicura alle naui stanche, & assetate, che vengono dall'Indie, & rinfrescamenti copiosissimi.

Li boschi di lei sono tutti d'Ebeno folti, de' quali fan legna li marinari, veggendosi nelle scorze di quegli alberi scritti li nomi d'infiniti, per cosi di re, nauiganti, che passando per quella Isola, lasciano intagliati li nomi loro in quelle cortecce, crescendo le lettere cō la grossezza de tronchi. Produce da se la terra li migliori frutti; percioche la vite vi cresce, portataui da Portoghesi, & massimamente nelle pergole d'intorno alla Chiesetta, & à gli alberghi per li nauiganti, quiui si veggono le selue saluatiche d'Aranci, de Cedri, & de Limoni, & di pomi tali, che tutto l'anno portano fiori, & frutti maturi, & acerbi, & somigliantemente le mele granate grandi, & dolci, & di mezano sapore con li granelli grossi, & vermigli, & pieni di grato succo, & con picciolo acino, & maturi, come gl'Aranci d'ogni stagione, & fichi grandi, & abondeuoli, la qual dote auerti Homero esser in frutti di uersi nell'Isola di Corfù ancora. Per lo paese pigliano capre, & capretti saluatichi buoni à mangiare, & porci Cinghiali, & altri animali di quattro piedi, & perdici, & galline seluaggie, & colombi, & altre maniere d'augelli grandi, & piccioli, le quali fiere, & augelli sono tanto asicurate, & domestiche, che non temono gl'huomini, non conoscēdo il pericolo d'essere vcci se. Onde coloro, che iui stanno pigliandone ciascun giorno, l'insalano col sale, che si congela ne' liti dell'Isola per le caue delle pietre naturalmente forate, & rose dall'onde marine; & cosi conseruate quelle carni, le danno à marinari che vi capitano.

Il terreno di quell'Isola è trito come cenere di rosso colore, & grasso, & sopramodo fruttifero, & tenero tanto, che ponendoui sopra il pie, à guisa dell'arena, sfondasi il terreno, & gl'alberi con la forza d'vn huomo crollano, & perciò non fà mestieri lauorarlo; peroche piouendo subitamente nascono li frutti della vecchia sementa. Da se produce le radici del rauano grandi come la gamba d'vn huomo, & buone a mangiare. Vi germogliano etiandio li cauli, & il petrosilino, & le lattuche, & le zucche, li ceci, & li fagiuoli, & altri legumi naturalmente, i quali maturi cadono in quella feconda terra, & da se stessi moltiplicano, & rinascono senza coltiuatione. Percioche ogni Naue porta, & pianta alcun frutto, ouero herba d'horto, &

alligna subito, & la natura benigna rende cortese guiderdone, & vsura al ritorno di lei, serbādo li frutti alli Marinari. Sono alcuni fiumicelli in quell'Isola scorrenti in parti diuerse di lei, d'vn'acqua buona, & sana, & ridotti per le naui sicuri, quasi porti.

Ma il principale è nel sito, in cui già fabricarono vna picciola Chiesa doue sono custoditi gli ornamenti dell'Altare, & li vestimenti del Sacerdote, & gl'altri seruitij della Messa; Et quando li vaselli passano di là, smontano li religiosi a celebrar i diuini offitij.

Vi è anco vna casetta, doue quasi sempre dimorano Portoghesi, come due, ò tre, & anco vn solo, iui lasciati, ò per infermità, ò per loro misfatti, ò pur volontariamente, così ricercando essi a tollerare vita di Romito per quella solitudine in penitenza de'loro peccati.

Vi e poi tanta copia di pesci buonissimi, che sembra il mare di loro appresso, talche non accade, se non gittare gli hami nell'acqua, & tirarli fuora continuamente carchi di preda.

Et domandando io per qual cagione li Portoghesi non si sono curati già mai di fortificarla, essendo così opportuna a marinari, & quasi per prouidenza di Dio quiui fondata in restauro de'nauiganti Portoghesi, come diffusamēte narra il Granata nel Simbolo della fede, scritto da lui in Spagnuolo, & da me in Italiano ridotto: Rispose che non faceua mestieri, posciache non serue quell'Isola a nulla all'andare all'Indie, tenendosi altra via, & essendo impresa molto difficile a rinuenirla; ma che al ritorno giace su la via, & vedesi facilmente; onde non porta il pregio spēder ui il tempo, & il denaro, & tenerui soldati senza profitto, non vi pratticando altri legni che Portoghesi; Et replicando io, che se hora gl'Inglesi, i quali già per due fiate hāno pur penetrato in quei mari, l'vna guidati dal Draco, & l'altra quest'anno 1588. condotti da vn'altro Corsale pur Inglese più valente di lui nomato Candise, ilquale è ritornato pieno di ricchezze; disse, che ciò non si potea in mare tanto lontano menar ad effetto, bisognando portare d'Europa ogni apparecchio per edificare.

In somma oltre alle premostrate doti, il Cielo è temperato, & l'aere puro, & netto, & sano, li venti soffiano piaceuoli, & in arriuandoui gl'huomini infermi, & mezzo morti da li disagi del nauigare, subitamente per la benignità di quel paese risanansi, & ricuperano le pristine forze.

Dall'Isola di santa Elena fecero vela col tempo medesimo, & peruennero al porto di Loanda, che è nella prouincia del Congo in giorni 17. li vēti essendosi allentati alquanto. Il qual porto è sicuro, & grande formato da vn'Isola del medesimo nome, del qual appresso ragionaremo. Dissi due essere le nauigationi dall'Isole di Capo Verde a Loanda, l'vna e già dechiarata, laquale nō si vsando per l'adietro fu la prima volta nauigata da quella stessa Naue, doue andaua il Sig. Odoardo, guidata da Francesco Martinez Pilotto del Re, molto essercitato in que'mari, & fu il primo che la condusse

DEL REGNO DI CONGO LIB. I.

dusse per la predetta strada, vengasi all'altra per la costa della terra ferma
Dall'Isola di San Giacomo vanno al capo delle palme, & di là si drizzano all'Isola di S. Thomaso, la quale giace sotto l'Equinottiale, così chiamata, perche fù discoperta il giorno, che si celebra la festa di quell'Apostolo: & è lontana dalla terra ferma 180. miglia al dirimpetto del fiume detto Gaban, peroche in figura è simile à quell'habito, il qual porto è chiuso da vn'Isola, che sorge alla foce di quel fiume, à cui li Portoghesi da S. Tomaso nauigano con picciole barche, portando cose tali, come alla costa di Guinea, & riportandone Auolio, Cera, & Mele, & Olio di palma, & Schiaui negri. Presso l'Isola di San Tomaso in verso Tramontana giace vn'altra Isola detta del Prencipe, lungi dalla terra ferma 105. miglia, dell'istessa conditione & mercantia di S. Tomaso benche di circuito minore. Quest'Isola di S. Tomaso è di forma quasi ritonda, & al trauerso tiene forse 60. miglia, & di giro 180. & molto ricca, & di trafico grande scoperta, & guadagnata da Portoghesi quando incominciarono il conquisto dell'Indie, hà diuersi porti, ma il principale, & doue si riducono li Vaselli è nel sito della Città.

Produce l'Isola Zuccaro infinito, & quasi ogni sorte di vittuaglie, & nella Città sono alcune Chiese, & il Vescouo con molti Chierici, & il Cappellano; & vi è il Castello con guarnigione, & artiglierie presso il porto, che lo battono, & è grande, & sicuro, doue assai nauili possono capere. Ma cosa ad mirabile è che quando li Portoghesi vi nauigarono il Zuccaro non vi era piàtato, ma gliene portarono d'altra parte, & seminarono anco il Gengeuo, che vi allignò copiosaméte: il terreno è humido, & quasi appropriato al nudrire quella canna, che senza altramente adacquarla moltiplica, & fruta in infinito, perche la rugiada cade la mattina, come pioggia, & inaffia il terreno.

Sono nell'Isola più di settanta edificij, ouero torchi da preparare il Zuccaro, & ogni edificio hà molte case d'intorno, quasi Villa, cõ forse 300. persone à quel seruitio assegnate, & caricansi di Zuccaro d'intorno à 40. Naui grosse ogn'anno. Vero è, che da vn tempo in quà li vermi, quasi pestilétii, hanno rose le radici delle canne, & tolto il frutto del Zuccaro, di maniera, che hora di 40. non si caricano più di cinque, ò sei Naui di quella materia onde auiene, che il Zuccaro è tanto caro in queste contrade.

Haue trafico l'Isola di S. Thomaso con li popoli di terra ferma, i quali si riducono alle bocche de' fiumi, che sono questi incominciando dal nominato di Fernando di Poo, cioè di Polue, il quale in prima lo scoprì, & giace in gradi 5. verso il nostro polo.

Al dirimpetto della sua bocca sorge vn'Isola del medesimo nome 3. miglia lontano, l'altra fiumana si dice Bora, cioè feccia, & poi il fiume del campo, & il quarto di S. Benedetto, & il quinto quello di Angra, che tiene alla bocca vn'Isola, detta di Corisco, cioè fulmine, traficante le merci stesse, che di sopra habbiamo rammemorato.

Ma

Ma tornando alla nauigatione di S. Tomaso, di là partendosi ver mezzo giorno trouámo il capo di lupo Gonzale, che stà in altezza d'vn grado di là dall'Equinottiale, verso l'Antartico lunge 105. miglia dall'Isola predetta; & d'indi si nauiga con venti da terra radendo la costa sempre, & ciascun giorno gittando l'Ancore in luogo sicuro, dietro qualche punta, ouero in porto, finche s'arriua alle foci del fiume di Congo grandissimo chiamato Zaire in quell'idioma, che significa sò, cioè sapio in latino. Et di qua se si vole peruenire al porto di Loanda si nauiga il tratto di 180. miglia.

Queste sono le due nauigationi, che dall'Isola di S. Giacomo, (vna di quelle di Capo Verde, delle quali è fatta mentione) si vsano essendosi da poco tempo in qua la prima incominciata à frequentare.

Hora tempo è di trattare il Regno di Congo, & tutte le sue conditioni.

Del temperamento dell'aria del Regno di Congo, & se vi è freddo grande, ò caldo, & se gli huomini sono bianchi, ò negri, & se più i negri, ò meno siano quelli delle montagne, ò del piano, & de venti, & pioggie, & neui di quelle contrade, & di che statura, & sembiante sono gl'huomini di quel paese. Cap. II.

IL Regno di Congo nella sua mezzana parte è lótano dall'Equinottiale in verso il polo Antartico à punto doue giace la Città chiamata Congo, gradi 7. & due terzi, talche viene à stare sotto la regione, che gl'Antichi stimauano inhabitabile, & la chiamauano Zona torrida, cioè cintura della terra, dal Sole arsa, ingannandosi del tutto, peroche la stanza vi è bonissima, l'aere oltre ad ogni credenza temperato, il verno rigido non si proua, ma passa come l'Autunno in questa regione di Roma, ne vsano pelli, ne mutationi di vestimenti, ne si acostano al fuoco, ne il fresco nel sommo de Monti è maggiore del piano, anzi generalmente nel verno è più calda l'aria della state, per cagione delle continue pioggie, & massimamente due hore inanzi, & dopo il meriggio, che malamente si puote sofferire.

Gl'huomini sono negri, & le donne, & alcuni manco tirando più all'Oliuastro, & hanno li capelli crespi neri, & alcuni anco rossi; la statura de gl'huomini è di mezzana grandezza, & leuatone il colore nero sono à Portoghesi somiglianti: le pupille de gl'occhi di varij colori nere, & del color

DEL REGNO DI CONGO LIB. I.

color del Mare, & le labra non grosse, come li nubi, & altri negri, & così li volti loro sono grossi, & sottili, & varij come in queste contrade, non come li neri di Nubia, & di Guinea, che sono difformi. Le notti, & li giorni sono quiui poco differéti, percioche in tutto l'anno la varietà nõ si conosce maggiore d'vn quarto d'hora.

Il Verno dunque in quella contrada largamente parlãdo comincia nel tempo, che di qua sentiamo là primauera, cioè quando il sole entra nei segni Settentrionali, il mese di Marzo; & all'hora che noi habbiamo il Verno prendendo il Sole i segni dell' Ostro il mese di Settembre incomincia loro la state. Nel verno loro pioue cinque mesi quasi continoui, cioè Aprile, Maggio, Giugno, Luglio, & Agosto, & pochi sono li giorni sereni cadêdo la pioggia tãto forte, & le gocciole sì grãdi, che è merauiglia; & queste acque inzuppano la terra arida per la stagione passata del caldo, nella quale già mai non pioue in sei mesi, & dapoiche è satolla traboccano i fiumi oltre ad ogni credenza, & s'empiono d'acqua torbida, & allagano il terreno.

Li venti, che soffiano in queste lune per quelle contrade sono gli stessi, che Cesare chiama con vocabolo Greco Etesij, cioè ordinarij d'ogni anno, i quali s'intendono dalla Tramontana al Ponente nella bussola, & al Garbino, & portano le nuuole in quegli altissimi monti, ne'quali vrtando, per natura loro si fermano, & poscia in acqua risoluõsi: onde si vede, che ne'più eleuati monti all'hor che hà da piouere stanno le nuuole.

Quindi nasce l'aumento delle fiumane, che nell'Ethiopia nascono, & massimamente del Nilo, & degli altri, che sgorgano nell'Oceano Oriëtale, & in quello dell'Occidente, & nel regno di Congo, & della Guinea, per la quale scorre il fiume Nigir, così da gl'antichi chiamato, & da moderni Senega, il quale si aumenta al medesimo tempo del Nilo, & mette l'acque sue in verso Ponête al dritto dell'Isole di capo Verde, & il Nilo scorre per l'isola di Meroè in Egitto verso Tramontana, adacquando quelle regioni piene d'arsura, & di solitudine, & deserti. Hor perche suol piouere ogn'anno sempre in quelle regioni di Congo, & di Ethiopia al determinato tempo, è anco di niuna consideratione il traboccare delli fiumi, & non pare accidente nuouo.

Ma nei paesi lontani, & secchi, come in Egitto oue (eccettuandone Alessandria, & il suo contado) non pioue già mai, è tenuto per cosa merauigliosa il sopragiungere ogn'anno tanta quantità d'acqua torbida da sì rimote parti, in stagione ferma senza punto errare, che viuifica il terreno, & da gl'alimenti à gl'huomini, & alle bestie, onde sacrificauano gl'Antichi à quel fiume, chiamandolo come nota al 4. lib. Tolemeo ἀγαθὸς δαίμων buõ demone, & hoggi anco alcuni Christiani l'hanno per miracolo: talche senza quell'acque perirebbono della fame, dependendo (sì come dice S. Gio. Chrisostomo) le vite loro da quell'aumento d'acqua.

Sono dunque li venti Etesij chiamati da Portoghesi generali, che soffian
do

dò appò noi l'estate, & à loro il verno, recano le nubi à quelli gioghi eleuatissimi, & fanno piouere, & accade, che per cotali pioggie il verno anco di là (come è detto) non sia tanto freddo, generando l'acqua in quelle calde regioni tepidezza.

Questa è adunque la cagione dell'aumento del Nilo, & d'altri fiumi di quel Cielo, di cui tanto dubitarono gl'antichi in molti errori fauoleggiādo.

Ma l'estate loro, che è il nostro verno soffiano li vēti opposti alli predetti per diametro, cioè nella bussola dall'Ostro al Greco, i quali fuor d'ogni dubbio sono freddi spirando dal contrario polo Antartico, & rinfrescano tutte quelle contrade; come à punto fanno li nostri di quà le nostre, & là doue appò loro fanno l'aria serena, à noi giungono con pioggie assai per vna certa naturale dispositione della terra gouernata da' Cieli, & da' climi, & per la somma prouidenza di Dio, che hà compartito il Cielo, & il corso del Sole, & degl'altri pianeti in guisa, che ogni contrada della terra participa de' loro lumi nel caldo, nel freddo, & nelle stagioni con grandissima proportione, & per certo se l'aura di cotali venti non rinfrescasse quei paesi dell'Ethiopia, & di Congo, & li circonstanti non si potrebbe tollerare il caldo bisognando tenere due coperte la notte. Il medesimo refrigerio prouano gl'habitanti dell'Isola di Creta; & di quelle dell'Arcipelago, & di Cipri, & dell'Asia minore, & della Soria, & dell'Egitto, che viuono con questo ristoro de' venti predetti di maestro, & di Ponente, che ben possono dirsi alla greca ζωηφόροι cioè apportatori di vita.

Pongasi etiamdio mente, che nelle montagne dell'Ethiopia, & di Cōgo, & di quelle regioni vicine non cade neue ne anco nel sommo delle montagne, se non più in verso il Capo di Bonasperanza, & in alcuni gioghi, notati da Portoghesi, di Sierra neuada, cioè à dire montagna neuosa, ne si troua gelo nel paese di Congo, ò neue, che sarebbe stimata più dell'oro per mescolarla nei beueraggi. Sichenò crescono li fiumi per lo dileguarsi delle neui, ma per lo scendere delle pioggie dalle nuuole cinque lune continue, cioè quella d'Aprile, di Maggio, di Giugno, di Luglio, & d'Agosto, alcuna volta cominciādo prima 15. giorni, & alcuna dopo, onde auiene, che in Egitto giungano più tardi, ò per tempo le nouelle acque del Nilo, & bramate da gli habitanti.

Se li figli de Portoghesi bianchi nati in quelle parti delle femine di Congo, sono neri, ò bianchi, ouero oliuastri, che li Spagnoli chiamano Mulati. Cap. III.

Tvtti gl'antichi hanno creduto, che la cagione del negro colore de gli huomini sia cagionato dal calore del Sole, peroche si vede per isperienza,

rienza, che quanto più ne auiciniamo à paesi caldi di mezo giorno, tanto maggiormente gli huomini son più bruni, & per lo contrario andando verso la Tramontana più candidi riescano, come li Francesi, & li Tedeschi, & Inglesi, & altri. Nondimeno egl'è cosa certa, che sotto l'Equinottiale nascono gl'huomini quasi bianchi, come nel reame di Melinde, & di Mombaza situato sotto l'Equinottiale, & nell'Isola di S. Tomaso, che giace sotto il medesimo clima; la qual fu prima habitata da Portoghesi, essendo per l'adietro dishabitata, & in 100. & più anni sono rimasi cótinuo bianchi li figli loro, anzi più ciascun giorno s'inbiancano, & cosi li figli de'Portoghesi che delle donne di Cógo nascono, tirano più al biáco, talche hauea in opinione il sig. Odoardo, che il color nero nó nascesse dal Sole, ma dalla natura della sementa per le ragioni sudette, & per certo il suo detto si cóferma col testimonio di Tolemeo, il quale nella tauola della Libia di dentro pone gl'Ethiopi bianchi detti in suo linguaghio Λдυχωιαν: Ethiopi bianchi, & altroue fa mentione anco nelle contrade stesse degli Elefanti candidi.

Del circuito del Regno di Congo, & de' suoi lati, & confini. Cap. IIII.

IL Regno di Congo si distingue in quattro lati, in quel di Ponente bagnato dal mare Oceano, & in quel di Tramontana, & in quello di Leuante, & nell'vltimo, che è inuerso Mezo giorno, & cominciádo dal maritimo lato nasce egli nel seno detto delle Vacche, il quale stà in altezza di 13. gradi alla parte dell'Antartico, & per la costa in Tramontana finisce in 4. gradi, & mezo, presso l'Equinottiale, che sono di 630. miglia. Il seno delle Vacche e vn porto di mezzana grandezza, ma buono, & capace d'ogni nauilio, & chiamasi delle Vacche, peroche iui d'intorno pascono assai mandre di quegli animali, essendo il paese piano, & abondante di vittuaglie d'ogni maniera, & ritrouasi da vendere publicamente alcuni metalli, & in spetialità l'argento, & è suddito al Re d'Angola.

Più innanzi giace il fiume Bengleli, oue comanda vn signore vasallo del Re d'Angola d'intorno alqual s'allarga la regione simile al sudetto paese, & procedendo auanti scorre il fiume Songa, cosi chiamato da' Portoghesi, peroche nauigasi 25. miglia all'insuso in parte al premostrato somigliante. Segue il fiume Coàza, il quale esce da vn lago picciolo fatto da certo fiume che scaturisce dal grá lago & primo, che da l'origine al Nilo, di cui in altra parte di questa scrittura habbiamo da scriuere, & è largo alla bocca due miglia, & si nauiga có barche piccole contra il corso dell'acqua forse 100. miglia, ma nó ha porto. Notisi, che tutto questo paese ch'habbiamo nominato soleua essere al Re di Congo soggetto, ma da vn tempo in quà il Gouernatore di quella contrada ne è diuenuto signore assoluto, & fa professione d'essere d'essere amico, & non vassallo del Re di Cōgo, & pur gli manda alcuna volta alcun presente a guisa tributo.

Dal fiume Coanza trouasi il porto di Loanda, il quale è in gradi 10. di larghezza fatto, come si disse, da vn'Isola chiamata Loāda che vuol dire raso paese, & senza monti, & basso in quella lingua, percioche apena surge ella sopra il mare, & è fatta dall'arena, & limo del mare, & del fiume Coanza, incontrandosi li loro corsi, & iui cadendo al fondo la materia; & può essere lunga 20. miglia, & larga al più vn miglio, & in alcuni luoghi vna tratta di arco sclamente, & e cosa marauigliosa, che in quell'arena cauando al basso due, ò tre palmi trouasi acqua dolce, la migliore di quelle contrade, & auuiene in lei vn'effetto strano, che quando l'Oceano cala, quell'acqua diuenta alquanto insalata, ma all'hor che cresce in colmo e dolcissima, cosa che nell'Isola di Cadis ancora in Spagna per testimonio di Strabone accadeua.

Questa Isola e la minera della moneta, che spēde il re di Cōgo, & li popoli delle regioni circostāti, percioche ne' liti di lei prēdesi dalle femine, che si attuffano nel mare due braccia, & più, & empiono le ceste d'arena, & poi diuidono il sabbione dalle lumache piccole, discernendo il maschio loro dalla femina per esser più fine la femina del maschio, & pregiata nel colore suo terso, & lucido, & grato alla vista.

Queste lumache in tutti i liti del regno di Cōgo nascono, ma le migliori sono quelle di Loanda, percioche appaiono sottili, & di colore lucente berrettino, o griso, & anco d'altro colore nō tanto pregiato. Notate che l'oro, & l'argento, & il metallo non è in stima, ne in vso di moneta in quelle contrade, ma le lumache; & auuiene che con l'oro, & con l'argento in massa, ò battuto in moneta, non si troua da comperare cosa alcuna, ma ben cō le lumache, & l'istesso oro, & argento si hà con loro.

In quell'Isola sono sette ouero otto ville chiamate in linguaggio del paese Libata, & la principale dicesi lo Spirito sāto, nella quale sta il Gouernatore mādato di Cōgo, che ministra la giustitia, & fa massa delle monete delle lumache, iui sono capre, & pecore, & porci cinghiali assai fatti di domestici saluatichi, che viuono nei boschi, & vi nasce vn'albero nomato Enzanda grāde, & sēpre verde il quale è dotato di singolar qualità, cioè che dalli rami suoi i quali sporgono in alto, scendono alcune quasi corde, le quale cacciandosi in terra producono le radici, & d'indi surgono altre piante moltiplicādo in quella maniera, & dentro alla prima scorza nasce vna certa quasi tela, che battuta, & purgata la stēdeno in lūgo, & largo, & di quella si vestono gl'huomini, & le femine d'infima conditione.

In quest'Isola vsano legni per nauigare cōposti di trōchi di palme congiunti insieme, & formati à guisa di barche con la poppa, & proda, & vāno a remi, & a vela, & con essi pescano d'intorno a quelle riuiere abondantissime di pesci, & vanno anco infino a terra ferma.

Nella parte che e volta verso la terra, in certe basse crescono alberi, i quali
calando

calando l'acqua dell'Oceano, scopronsi, & à piedi loro sono attacate ostriche continenti dentro la carne grande quanto la mano, & buone, & conosciute da quelle genti, che le chiamano Ambiziamatare, che vol dire pesce di pietra.

Et le conchiglie, ò Nicchi dell'Ostriche bruciano, & fanno calce bonissima per fabricare, & delle scorze, che sono à guisa di souero di quell'albore nomato Manghi si conciano le pelli delli buoi per fare le suole delle scarpe In somma l'Isola non produce grano, ne viti, ma vi si portano gl'alimenti d'ogni intorno per ritrarne di quelle lumache, peroche si come in altri luoghi con li dinari di metallo si hanno quasi tutte le cose, iui cō le lumache.

Onde si puote auertire che non solamente nel Regno di Congo, ma nella vicina Ethiopia, & nell'Africa, & nei reami della China, & in alcuni dell'Indie s'vsano le monete d'altra materia, che di metallo sia oro, argento, ò rame, ò mescolanza di questi: imperoche si spendeua il pepe in Ethiopia, & nel regno di Tōbutto, che è d'intorno al fiume Nigir detto Senega, spēdōsi conchiglie, & nicchi, come anco ne gli Azanaghi, che spendono porcellette, & nel regno di Bengala parimente insieme col metallo si danno porcellette. Nella China certe conchiglie, ò nicchi, che chiamansi porcellette, & altroue carta stampata col sigillo del Re, & scorze dell'albero detto Gelsomoro, à tanto che il prezzo pareggiato ad ogni altra cosa non è in tutto l'vniuerso mondo il metallo come nell'Europa, & in molte, & diuerse altre contrade della terra.

Questa Isola nel più stretto è vicinissima alla terra, & il canale si passa da quelle genti alcuna volta à nuoto, nel quale stretto surgono dell'Oceano alcune Isolette, che rimangono scoperte dall'acqua nel calare, & ricuopronsi nel crescere, & in loro vegonsi alberi grandi, alli tronchi de' quali sono attaccate, come è detto, bonisime Ostriche. Presso quest'Isola inuerso la costa di fuori nuotano innumerabili balene, che paiono negre, & cōbattono infra loro, & s'vccidono, & poi alla piaggia sono dall'onde gittate grādi come vn nauilio mezano da gabbia, & quando ciò accade, li negri vanno con le barche loro à prenderle, & ne traggono olio, del quale si seruono per li vaselli, mescoládolo con la pece. Crescono su le schiene di questi animali molte conchiglie, fatte à guisa di Caraguoli, & lumachette, & à simili nicchi, & affermaua il Signor Odoardo hauerne veduto spesso, & che l'ambra non nasce da loro, peroche in tutta la costa di Congo doue sono infinite di esse, non si troua l'ambra grisa, ò nera, ò bianca in luogo veruno, & pur sarebbe necessario, che se vscisse da cotali bestie, apparisce in quelle piaggie assai di quella materia.

Il Porto principal hà la sua bocca inuerso Settentrione larga vn mezo miglio in quella parte, doue è fondo grandissimo, & in terra ferma al dritto è la villa di S. Paulo habitata tutta da Portoghesi con le mogli loro con dotte di Spagna, senza però essere fortificata.

B 2   Tutto

Tutto questo canale è molto pescoso, & spetialmente di sardelle, & anchioè in tanta quantità il verno, che esse medesime saltano in terra, & di altre maniere di pesci bonissimi, come Sole, & Storioni, & barboni, & ogni nobil pesce, & li gambari grandi, & assaissimi in copia tale, & sani, che la più gran parte degl'huomini di quelle riuiere viuono di loro.

Nel canale mette il fiume chiamato Begno, che è grande, & nauigabile all'in sù per 25. miglia, & esso con l'altro fiume Coanza, che di sopra dicemo, fanno l'Isola di Loanda, incontrandosi le loro acque, & diponendo l'arena, & inalzando quell'Isoletta. più la scorre vn'altra fiumara maggiore detta Dande, nella quale entrano vaselli di 100. botti, & poscia il rio Lemba, che non hà porto, ne vi entrano nauilii, & subito si troua il fiume Ozoni, il quale esce del lago stesso, che sorge anco il fiume Nilo, il quale hà porto, & appresso vn'altro, che dicesi Loze senza porto, & vn altro chiamato Ambriz grande con porto, & scorre vicino alla Città reale di Congo 4. leghe, & appresso il fiume Lelunda, che vuol dire trotta pesce, & bagna le radici del monte, in cui è situata la reale Congo, chiamato da Portoghesi Oteiro.

Questo fiume Lelunda nasce dal medesimo piccolo lago, come il Coanza, & congiungesi con lui vn altro fiume, che viene dal grande lago, & al tempo che non pioue varcasi il Lelunda à piè per essere di poca acqua. Trouasi poi il fiume Zaire, che è grandissimo, & largo, & il maggiore di tutto il reame di Congo, l'origine del quale si prende da tre laghi, l'vno è dal grande donde nasce il Nilo, il secondo dal piccolo sudetto, & il terzo dal secondo lago grande fatto dal Nilo. Per certo non bisognaua minori fonti à fiumana sì copiosa d'acqua, imperoche alla foce sua, che è vna sola s'allarga 28. miglia, & spande l'acqua dolce, quando è in colmo dell'aumento suo 40. & 50. miglia in mare, & anco 80. alcuna volta, onde li nauiganti ne prendono, & il sito conoscono per lo torbido di quell'acque: è nauigabile all'in suso d'intorno à 25 miglia con barche grandi infino ad vna stretta di balzi dalla quale cade con horribile fracasso, & strepito che s'ode forse 8. miglia da lunge. Questo luogo si chiama da Portoghesi Cachiuera, cioè caduta ò cattarata in somiglianza di quella del Nilo. Dalle foci alla caduta sorgono per lo fiume molt'Isole grandi, & ben habitate con ville, & Signori obedienti al Re di Congo, i quali alcuna volta guereggiano tra loro per nemistà in certi loro legni cauati in vno tronco d'albero di sformata grandezza, chiamati da essi Lungo, & li maggiori legni tali sono cauati d'vn albero detto Licondo, tanto grosso, che sei huomini nè p lo circondano con le braccia, & lungo a proportione, sì che li più portano forse 200. persone. Vogano in quei legnetti con li remi non ligati à scalmi, ma li tengono liberi in mano premendo gagliardamente l'acqua, & ogn'vno ha il remo, & l'arco, & nel combattere lasciano il remo, & prendono l'arco, ne adoprano altro timone che li remi per girare il vasello, & gouernarlo.

Nella

Nella primiera di quest'Isole che è la minore nomata l'Isola de Caualli, perche vi nascono, & si nutriscono assai di quegl'animali, che li Greci chiamano Hippopotami, cioè caualli de fiumi. Habitano li Portoghesi in vn villaggio ridotti iui p'essere più sicuri, & hano le sue barche per valicare in terra ferma nella ripa del mezo giorno di quel fiume ad vna terra chiamata porto di Pinda, oue si riducono tutti li nauilij, che capitano a quella.

In questo fiume, viuono diuersi animali, peroche il Crocodilo vi si vede grandissimo, chiamato da paesani Caiman, & il cauallo del fiume sudetto, & vn altro che tiene due quasi mani, & la coda aguisa d'vna targa, & dicesi Ambize Angulo, cioè pesce porco, imperoche è grasso, come il porco, & hà la carne bonissima, & di lui si fà lo strutto, & serbasi, ne sapore hà di pesce, quantunque sia pesce: ne mai esce dell'acqua dolce, & pasce l'herba alle ripe, & hà il muso, come vn bue, & ve n'hà di tali, che pesano libre 500. alla grossa. Lo pigliano i pescatori in quelle loro barchette, osseruando li siti, doue pasce, & poi con forcine ò fossine lo feriscono, & morto lo traggono fuori dell'acque, & lo portano in pezzi al Re, essendoui pena la vita à chiunque non lo facesse, come fassi anco della Trotta, & della Tinca, & d'vn altro pesce chiamato Cacongo formato aguisa del Salmone fuorche non è rosso, ma tanto grasso che spegne il fuoco arrostendolo, & altri pesci, che chiamano reali, tutti portati al Re con rigorosi bandi à chi facesse il contrario, & pigliansi altre maniere de pesci, li nomi de quali giudichiamo souerchio qui recitare. Oltre al fiume di Congo ne scende vn'altro, che si dice dalli Portoghesi la Baia delas Almadias, cioè il golfo delle barche essendoue assai, & iui lauorandosi per la copia delle selue, & degl'alberi accia buoni, che si trouano, & seruendosene li paesi circonstanti, alla foce del quale sono tre Isole, vna grande nel mezo della foce, che fa porto per vaselli piccoli, & due altre minori, n'iuna delle quali è habitata.

Più auanti scorre altra fiumana non grande che si dice delas Boreras rossas, peroche scende tra alcune rupi de monti, che hanno la terra tinta di vermiglio colore, oue s'ergeuna montagna alta, che spinge infra terra, & chiamasi dalli Portoghesi, la sierra complida, cioè la montagna lunga.

Ancora procedendo si trouano due seni fatti dal mare alla sembianza d'vn paio d'occhiali, doue è buon porto, & dicesi Baia d'Aluaro Gonzales, cioè il seno d'Aluaro Gonzales. Et più oltre sono monti, & liti non degni di memoria infino al capo da Portoghesi detto, Caterina, che è il cofine verso l'Equinottiale del regno di Congo, distante dalla linea dell'Equinotiale due gradi & mezo, che fanno 150. miglia d'Italia.

Del lato della Tramontana del Regno di Congo, & de suoi Confini. Cap. V.

HOr dal Capo di Caterina incomincia inuerso Tramontana l'altro cofine, & lato del regno di Congo, & per Leuante arriua al congiungemento mentò del fiume Vumba col Zaire con la distanza di più di 600. miglia. Oltra il qual confine per Tramontana, & sotto la linea dell'Equinottiale alla piaggia del Oceano, & infra terra d'intorno à 200. miglia comprendendo il già nominato capo di Lope Gõzales, habitano li popoli già chiamati Bramàs, & hora il regno di Loango, & il Re loro si dice Maniloango, cioè Re di Loango. Il paese è abondante di Elefanti, & cambiano li denti loro con ferro, peroche fanno di lui le punte delle Saette, & li coltelli, & altri ordigni tali, iui si tesseno tele di foglie di palma in varie maniere, si come narreremo in altro luogo di questa relatione.

Il Re di Loango è amico del Re di Congo, & è fama che gia tempo fu di lui vasallo, & i popoli si circoncidono all'vsanza degl'Ebrei si come han' per costume di fare tutti li gentili di quelle contrade, & communicano insieme, & guerreggiano alcuna fiata con li vicini, & in tutto sono della natura stessa con quelli di Congo. Le armi loro sono targhe lunghe, che gli cuoprono la persona quasi tutta, composte di pelle dure, & grosse di certo animale chiamato Empachas, minore de vn bue, con le corna à guisa di capro, il qual animale nasce anco in Lamagna, & nominasi Dante, & di quei paesi, & di Congo si conducono le pelli in Portogallo, & d'indi in Fiãdra, oue si acconciano, & fansi li colletti da corsaletto, & corazza, che chiamano di Dante. Le arme da offensione sono dardi col ferro lungo, & largo alla sembianza d'vna partigiana, ò del Pilo Romano antico, & l'hasta lunga à proportione per lanciare, nel mezo della quale è fitta vna palla di legno, che prendono in mano, & con forza gittano il dardo; portano anco il pugnale di forma simile al ferro de' dardi.

Oltre al Regno di Loango sono le nationi chiamate Anziques, delle quali produrassi l'historia, veramente strana, & quasi incredibile per l'vsanza bestiale, & crudele, che tengono di mangiare carne humana, & se stessi con li parenti più stretti.

Questo paese dunque inverso il mare dell'Occidente confina co' populi d'Ambus, & per Tramontana con quelli dell'Africa, & col deserto della Nubia, & per l'Oriente col secondo lago grande, dal quale nasce il fiume di Congo, in quella parte, che si chiama Anzicana, & gli diuide dal Regno di Congo il fiume Zaire, nel quale sono molte Isole (come è detto) dal lago in giù, alcune delle quali pertengono al dominio loro, traficando essi ancora per quel fiume con li medesimi popoli di Congo.

In questo regno de gl'Anzichi si trouano molte minere di ramo, & gran quantità di sandalo rosso, & grisò, il rosso è nomato Tauilla, & il grisò, che è il più pregiato Chicongo, & ne fanno poluere, la quale è di suaue odore, & ne compongono medicine, & se ne vngono tutta la persona, insieme con l'olio di palma, & si trouano bene, ma li Portoghesi l'adoprano stemperato con l'aceto, & se lo pongono su li polsi, & si medicano il mal francese, che si chiama in quella lingua Chitangas.

Alcuni

Alcuni affermano, che questo sandalo grifo è il vero legno dell'Aquila, che nasce in India, & il Signor Odoardo affermaua li Portoghesi hauerlo prouato nel dolor della testa ponendolo su le brage, & prendendo quel fumo, & il buono s'intende il midollo, & il di dentro dell'Albero, essendo di fuori di nullo valore.

Lauoransi tele assai di palma, & di varie maniere, & colori, & drappi di seta, di cui ragionerassi dopoi. Le genti obediscono ad vn Re, che tiene altri Prencipi sotto se, & sono genti molto leggiere, & bellicose, & all'armi pronte, & combattono à piedi; le armi loro sono differenti da tutti gl'altri popoli circonuicini, peroche gl'archi adoprano piccoli & corti, fatti di legno, & inuolti d'intorno con pelli di serpenti di varij colori, tanto politamēte lauorati, che pare tutto vno col legno dell'arco, & ciò per esser più saldi gl'archi, & per meglio farui la presa. Le corde loro sono di certe bacchette di legno à guisa di canne, ma sode di dentro, & pieghenoli, & dilicate, di queste tengono in mano i Caualieri di Portogallo per battere i palafreni, & sono di berrettino colore, & leonato inuerso il negro, & nascono nel paese de gl'Anzichi, & anco nel Regno di Bengala, per cui scorre il fiume Gange. Le saette sono corte, & sottili di legno duro, & le portano nella mano dell'arco; sono tanto veloci nel saettare, che tenendo 28. saette, & più nella mano dell'arco, tutte l'espediscono nell'aria saettando auanti che la prima scenda in terra, & aggiungeua d'hauer veduto alcuna volta li valenti arcieri vccidere gl'augelli nell'aria mentre volauano.

Adoprano altre armi ancora, che sono acette, ouero scuriccine vsate da loro, & formate in strana foggia, imperoche il manico è la metà più corto del ferro, nell'imo del quale è vna palla per meglio stringersi in mano, & tutto coperto della pelle sudetta di biscia, & nel sommo è posto il ferro molto lucente, & cōficcato nell'hasta con verghe di rame, quasi chiodi due tanto lunghi, quanto il manico, & hà due capi, l'vno taglia à guisa d'accetta, & ferisce in mezo cerchio, & l'altro è martello. Et quando combattono col nemico, ouero si difendono dalle saette, sono esercitati à volgere velocissimamente quell'arma, & formando vn cerchio occupare tutto l'aere, che gli stà dinanzi, onde saettando l'auersario, & giungendo la saetta vrte in quella acetta così girata, & ributtisi, & essi poi se la pongono su la spalla, & fanno il loro saettamento, & hanno alcuni pugnali corti con le vagine della pelle stessa, & fatti à guisa de coltelli col manico, i quali portano attaccati al trauerso. Le cinture loro sono de varie maniere, ma gl'huomini militari l'vsano di pelle d'Elefante, larghe tre dita buone, ma perche sono grosse due dita, & molto difficili à maneggiarsi, col foco le riducono in cerchio, & con certe fibbie leganselo al trauerso. Sono huomini leggierissimi, & destri, & saltano per quei monti come capre, & animosi, & non istimano la morte, & semplici, & reali, & veritieri, & tali, che li Portoghesi non si fidano d'altri più di loro. Di maniera, che diceua il Signor Odoardo se do se questi Anzichi si facessero Christiani (essendo tanto fideli, & veraci, & leali, & semplici, che si offeriuano alla morte per la gloria del mondo, & per aggradirsi à loro Signori col dare le sue carni à magiare) di molto migior cuore per l'eterna vita, patirebbono il martirio per lo nome del nostro Redétore Giesu Christo, & sostenterebbono grandemente col testimonio, & essempio loro contra gentili la fede nostra.

Diceua il Signor Odoardo, che per essere quelle genti tanto fiere, & bestiali, non si pratticaua con loro, se non in quanto veniuano à traficare in Congo portando essi schiaui di sua natione, & di Nubia con la quale confinano, & panni di tela, come diremo, & denti d'Elefante, & riportando sale, & di queste lumache, le quali spendono per moneta, & alcune lumache maggiori, che vengono dall'Isola di S. Tomasso seruédosene per medaglie da ornarsi, & per leggiadria, & mercantie di Portogallo, come panni di seta, & panni di lino, & vetri, & somiglianti. Vsano di circonciderse, & hanno per costume di segnarsi da fanciulli il volto huomini, & femine con tagli diuersi, come à suo luogo diremo di coltello, così li Signori come la plebe.

Tengono le beccherie di carne humana, come qui di vacina, & delle altre bestie, peroche li nemici, che prendono in guerra se li mangiano, & li schiaui loro vendono, se possono trarne prezzo maggiore, se non li danno à macellari, che li taglino in pezzi, & li vendono per arostire, ò cuocere à lesso.

Et quel che è marauigliosa historia, alcuni stanchi di viuere, ò pure per generosità d'animo, ò per dimostrarsi feroci, stimando che sia grande honore l'esporsi alla morte per adoperare vn atto di spregiare la vita, proferiscono se stessi alla beccaria, come li sudditi de prencipi, che per fare loro seruitio notabile, si danno mangiare, & li schiaui quando sono ben grassi vccidono, & diuorano. Et per certo molte sono le nationi, che si cibano di carne humana come nelle Orientali Indie, & nel Bresil, & altroue, ma de gl'auersarij, & nemici loro, degl'amici & vasalli, & parenti è cosa senza essempio in questa natione degl'Anzichi.

L'habito commune di quelle genti è tale: gl'huomini della plebe vanno ignudi dalla cintura in su, & senza niente in capo, hauendo i crini folti, & crespi, & la gente nobile si veste de seta, & d'altri panni, & hanno in testa de questi berettini rossi, & neri, & capelli, & berrette di velluto di Portogallo, & altri capelli del paese, & tutti sono vaghi di vestir polito, se hanno la possibilità. Le femine si cuoprono tutte dal capo alli piedi all'Africana, le pouere dalla cintura in giù si cingono, & le nobili, & quelle che hanno la possibilità portano certi manti, che si volgono d'intorno al capo con la faccia libera, & sono calzate, & le pouere scalze, & caminano molto leggiere, sono di formosa statura, & di buoni costumi. Il linguaggio è del tutto diuerso da quel di Congo, tutta via più facilmente gl'Anzichi apprendono quel di Congo per esser più chiaro, & ageuole; ma quei di Congo à

gran

gran pena imparano quelli degli Anzichi, & domandando io della religione di costoro, disse che erano gentili senza più.

Del lato d'Oriente del Regno di Congo, & de' suoi cōfini. Cap. VI.

IL lato dell'Oriente del regno di Congo comincia (come è detto) dal congiungimento del fiume Vumba col Zaire, & con vna linea tirata in uerso Mezo giorno egualmente distante dal fiume Nilo, che rimane alla sinistra, prende la montagna altissima, & non habitata nelle cime, chiamata de' christalli: peroche ui è grande quantità di christallo di montagna, & di punta, & d'ogni sorte; & passando auanti abbraccia li gioghi detti del sole, perche sono eleuatissimi senza però neuicarui giamai, ne produrre nulla; anzi ignudi, & senza alberi. A mano manca altri monti sorgono, che appellansi del salnitro, perche vi nasce assai di quella materia, & attrauersando il fiume Berbela, che esce dal primo lago, & iui finisce l'antico termine del regno di Congo per Leuante.

Cosi dunque il confine dell'Oriente di questo regno si piglia dal congiugimento del sudetto fiume Vumba col Zaire infino al lago Achelunda, & alla contrada di Malemba con la distanza di 600. miglia. Da questa linea che si è tirata per lo confine Orientale di Congo al fiume Nilo, & alli due laghi, de' quali a suo luogo faremo mentione, è la distanza di 150. miglia di terreno molto habitato con assai monti li quali fruttano metalli diuersi, & tele uarie, & panni di palma.

Et poiche siamo giunti in questo luogo, è necessario narrare la marauigliosa arte che vsano le genti di questa contrada, & le vicine in far pāni di maniere diuerse, come velluti col pelo, & senza, broccati, rasi, zedadi, damaschi, ormesini, & simili drappi, nō già di seta, perche non hanno conoscenza de' vermi, quantunque si vestano di seta, portataui dalle nostre parti. Ma tessono li drappi sudetti di foglia di palma, tenendo gl'alberi bassi a terra, & ogn'anno tagliandoli, & potandoli, accioche alla nouella stagione crescano più teneri.

Dà queste foglie purgate a modo loro traggono fili tutti fini, & delicati ad vn modo; ma quelli che vengono più lunghi sono più stimati: peroche di loro tessono le pezze più grandi, & figurano quei lauori in foggie diuerse col pelo a guisa di velluto d'ogni lato, & li drappi nomati damaschi formati a foglie & a diuerse guise; & li broccati che si dicono alti, & bassi che vagliono più del nostro broccato. Di questo drappo non si puote adornare se non il Re, & chi pare a lui, le maggiori pezze sono di broccato, perche tirano per lungo quattro, & cinque palmi, & per largo tre, & quattro, & chiamasi Incorimbas dal nome della terra doue nasce, che è

d'intord'intorno al fiume Vumba, & li velluti Enzachas della medefima grandezza, & li damafchi Infulas, & li rafi Maricas, & li zendadi Tangas, & gli ormefini Engombos, & di quefti drappi leggieri fanno le pezze maggiori & le lauorano negl'Anzichi, che tirano fei palmi in lunghezza, & cinque largo. Di quefti fi vefte ogn'vno, fecondo la pofsibilità fua, & nel refto fono molto faldi per refiftere all'acqua, & leggieri, & li Portoghefi hanno incominciato ad vfarli per tende, & trabacche, & reggono marauigliofamente all'acque, & à venti.

Il predetto lato dunque chiude in verfo Ponente il Regno di Congo, dal quale con linea egualmente diftante più ad Oriente 150. miglia fcorre il Nilo, ferrando vna contrada, che abonda delle predette cofe, poffeduta da fignori diuerfi alcuni obedienti al Prete Gianni, & altri al Re Moenemugi grandifsimo, in che non hebbe da notare altro fenon che affermaua, dal Nilo in ver Ponente li populi traficare nel regno di Congo, & nelle riuiere del fuo mare, & quei di la in Oriente andare per li reami di Moenemugi infino al pelago di Mombaza, & di Mozambiche.

Delli confini del Regno di Congo in uerfo mezo giorno.
Cap. VII.

Finifce quefto lato (come è detto) nella montagna grande nomata dell'argento, & iui hà principio il quarto & vltimo confine del Regno di Congo inuerfo mezo giorno, dalla detta montagna, cioè infino al golfo delle Vacche per Occidente cō lo fpatio di 450 miglia, la qual linea parte il regno d'Angola per lo mezo, & lafcia a mano finiftra li predetti monti dell'argento, & oltre à loro verfo Oftro il regno di Matama grande, & da per fe, & potente, & hora è amico, hor inimico di Angola.

Quefto Re di Matama è di fe gentile, & hà il fuo reame, che dalli predetti termini fi ftende per Oftro fino al fiume Bauagal, & preffo le radici delle montagne dette volgarmente della Luna, & in Leuante confina con le ripe del Ponente del fiume Bagamidri, trauerfando il fiume Coari. Abonda il paefe di caue di Criftallo, & d'altri metalli, & d'ogni maniera d'alimenti, & di buon'aere: & quantunque li populi de confini conuerfino infieme, nondimeno, com'è detto, il Re di Matama, & d'Angola fogliono fpeffo guerreggiare l'vno contra l'altro: & quefto fiume Bagamidri diuide il regno di Matapa, da quello di Monomatà, che rimane inuerfo Leuante, di cui a pieno fcriue Gio. di Barros nel primo capitolo del decimo libro.

Inuerfo

Inuerſo il Mare ſono diuerſi Signori, i quali ſi vſurpano il titolo di Rè, ma ſono di poco ſtato, ne in quelle riuiere ſi trouano porti di nome. Et per cioche diuerſe volte habbiamo parlato del Regno d'Angola, qui è tempo di trattarne à ſufficiēza, peroche, ſi come è detto, eſſendo già Gouernatore del Re di Congo, ſi è fatto Prencipe aſſoluto molto tempo hà innanzi anco, che il Re ſi faceſſe Chriſtiano, vſurpandoſi tutta quella parte, che egli haueua in reggimēto, & più col tempo hà conquiſtato altri paeſi circonſtanti per modo, che è gran Prencipe hora, & ricco, & poco meno potente del Re di Congo, & quando gli pare, gli da tributo, ò gli ne dinega.

Auenne che il Re D. Gionanni il ſecondo di Portogallo piantò la fede di Chriſto nel regno di Congo, & ſi reſe Chriſtiano quel Rè, & dopoi il Signore d'Angola ſempre fu amico, & quaſi vaſſallo del ſudetto Re di Congo & li popoli traficauano inſieme, & mandaua ogn'anno alcun dono al Re di Congo, & vi era negotio con licenza del Re di Congo, al porto di Loanda tra Portogheſi, & quelli d'Angola, comperando ſchiaui, & permutando li con altre mercantie, & poi ſi diſpacciaua il tutto nell'Iſola di S. Tomaſo, & era vnito queſto trafico con quello di S. Tomaſſo, & li nauilij prima capitauano à quell'Iſola, & poi andauano à Loanda. Creſcendo ſucceſſiuamente le facende s'incominciò à ſpedire le naui da Liſbona in Angola da perſe, mādādo vn Gouernatore chiamato Paolo Diaz di Nouais, à cui appartenea quello affare per li meriti de ſuoi maggiori, i quali prima haueuano ſcoperto quel trafico, alquale D. Sebaſtiano Re di Portogallo conceſſe la poſsibilità di conquiſtare 33. leghe di riuiera, cominciando dal fiume Coanza inuerſo il mezo giorno, & infra terra, tutto cioche poteua à tutte ſue ſpeſe per ſe, & per gl'heredi ſuoi. Et andando con eſſo lui molti nauilij, & aperto vn negotio grande per l'Angola, che ſi gouerna tutta via dal detto Porto di Loanda, oue ſcaricano li nauilij predetti, egli à poco à poco penetrò nella terra ferma, & fe caſa in certo villaggio detto Anzelle preſſo il fiume Coanza vn miglio, per eſſere più commodo, & vicino al comercio d'Angola. Doue eſſendo già creſciuto il trafico, & portando liberamente li Portogheſi, & quei di Congo le robbe ſue à Cabazo luogo della corte del Signore d'Angola lontano dal mare 150. miglia, per vendere, & barattare; ordinò che tutti quei mercatanti foſſero vcciſi, & toltogli le ſue ricchezze, allegando, che eſſi erano iui andati per iſpiare & occuparli lo ſtato: ma in fatti ſi crede che egli ciò commetteſſe per guadagnare quella grande facoltà, non eſſendo la gente, che traficaua in habito di guerieri, ma de mercanti; & queſto auenne il medeſmo anno, che il Re D. Sebaſtiano rimaſe in Barbaria ſconfitto. Veduto queſto Paulo Diaz ſi poſe in arme contra il Re d'Angola, & con la gente che potè raunare de Portogheſi, che ſi trouarono in quella regione, & con due galeotte, & altri legni, che teneua nel fiume Coanza, andò innanzi ad ambe due le ripe del fiume conquiſtando: & molti Signori con l'arme ſoggiogò, & reſe amici & ſudditi. Ma veggendo il Re d'Angola, che li suoi vasalli obediuano à Paulo Diaz, & che egli prosperamente guadagnaua terreno, raunò vn essercito grande contra lui per distruggerlo. Onde Paulo Diaz dimandò al Re di Congo, che lo soccorresse con gente per difendersi, il quale gli inuiò al susidio vn essercito di 60. mila huomini guidato da vn suo cugino, chiamato D. Sebastiano Manibamba, & più vn capitano con 120. soldati Portoghesi, che si trouauano in quelle contrade, pagati da lui à questa impresa.

Questo essercito si doueua congiungere con Paulo Diaz, & di compagnia tutti guerreggiare il Re d'Angola, ma giungendo alla marina, per varcare il fiume Bengo 12. miglia presso Loanda, doue si doueua trouare molte barche per tragittare il campo, le quali tardando, & percioche molto tempo si sarebbe consumato à passare tante genti: prese il camino l'essercito all'incontro di quel fiume, & andando auanti incontrarono le genti del Re d'Angola, che erano per vietare l'entrata à quei di Congo nel suo paese.

L'ordinanza militare de'Mociconghi, (con questo vocabolo chiamandosi li natij del reame di Cõgo, come da Spagna, Spagnuolo) & di quei d'Angola è quasi la medesma; percioche combattono pedoni compartendo l'essercito loro in diuersi corpi, & accomodandosi al sito della cãpagna, & alzãdo i loro segni, & le bãdiere nella maniera, che habbiamo già ricordato.

Li mouimenti di guerra commandano con suoni, & romori diuersi, li quali procedono dal Capitano generale, che andando nel mezo dell'essercito, significa cioche si debbe mandare ad essecutione, cioè attaccare il fatto dell'arme, ritirarsi, spingere innanzi, ò girare alla destra, & alla sinistra, & ogn'altra attione guerresca; intendendosi per cotali suoni da loro distintamente ordinati li commandamenti del Capitano, come appo noi li strepiti del tamburo diuersi, & li suoni delle trõbe. Tre sono li principali suoni, che adoprano in guerra, gl'vni che si mandano fuori con Nacchere grãdi, con le casse di vn legno solo d'albero, & coperte di cuoio, che battono per via de certi piccoli magli d'auolio: gl'altri procedono da alcuni instrumenti figurati à guisa di Piramide contra volta, peroche di sotto finiscono in acuto, & di sopra vansi dilatando nella base del triangolo si fattamente, che all'ingiù teminano in angolo, & all'insu in ampio, & sono lauorate di piastre di ferro sottili, & concaue, & vuote di dentro come vna campana rouescia, che percossi da verghe di legno, & le più volte gli fendono, accioche il romore sia più roco, & horribile, & bellicoso.

Li terzi ordigni sono de'denti di Lionfante grandi & piccioli cauati di dentro, dando loro il fiato per lo pertugio, che forano al lato ad vso di fiffaro, non alla cima, & questi in maniera vengono da loro temperati, che alla sembianza de'corni, rendono militare, & concordeuole musica, & allegra, si che commoue, & incita gl'animi al non istimare i pericoli. Hor queste tre maniere di strometi guerreschi sono maggiori, & minori; cõciosia cosa che il Capitano generale ne conduca soco de grandi, à fine di dare il segno con essi

essi à tutto il campo,& li corpi,& le schiere dell'essercito per simil modo ne hanno di tali minori, & ciaschedun Capitano in particolarità nelle compagnie anco di più piccoli, sonandosi le picciole nacchere con le mani. Onde auiene, che sentendosi il suono della Nacchera generale, ò del corno, ò di quell'altro ordigno ogni parte dell'essercito risponde col suono stesso mostrando d'hauer inteso,& conseguentemente li capitani minori fanno il medesimo, & non solamente in vniuersale adoprano questi suoni, ma etiandio nell'atto del combattere; doue nelle scaramuccie vanno auanti li combattitori huomini gagliardi, i quali con quelle campanelle battute con verghe di legno saltellando, & rincorandoli anco gli auertiscono de'pericoli, & delle armi, che contra loro sono gittate.

L'habito militare de Signori Mociconghi è tale; in testa portano vn berettino adornato di varie piume di struzzo, di pauone, di gallo, & d'altri augelli, che dimostrano l'huomo più grande, & di sembianti spauentosi; dalla cintura in suso tutti ignudi, vanno pendendo loro dal collo in verso la destra, & la sinistra ad amen due li fianchi catene di ferro con gl'anelli grossi quanto il minimo dito, le quali vsano in certa pompa, & brauura militare.

Dalla cintura in giù vestono bracche di tela, ouero di cendado, & di sopra cuopronsi con panno, che giunge loro infino al talone, riuoltando le falde all'insù, & alla cintola cacciandole: alla qual cintura, che, come si disse, è fatta di sottile lauoro, attaccano campanelle alli premostrati ordigni somiglianti, che nel dimenarsi, & combattere suonano, & prestano coraggio nel menare delle mani contra nemici; & in gamba li loro stiualetti alla Portoghese. Le armi già di sopra dichiarammo, che sono l'arco, le saette, la spada, il pugnale, & la targa, distinguendosi in modo, che chiunque porta l'arco haue il pugnale: ma non la targa, non si conuenendo quei due ordigni insieme, ma ben la spada, & la targa. Li soldati communi vano ignudi dalla cintura in sù, & vestiti il rimanente con l'arco, & le saette, & il pugnale. Attaccano prima la scaramuzza vscendo sparsi alla battaglia, & offendendosi da lungi col saettamento, & girando qua & là, & saltando velocemente in parti diuerse per cansare li colpi; corrono etiandio auanti alcuni velocissimi giouani, come è detto, con quelle campanelle suonando quasi confortatori, & quando hanno tanto combattuto che paia al capitano eglino essere già stanchi, li richiama col suono d'alcuno di quegli instrumeti; & essi auertiti dalla zuffa ricouransi girando intorno, & altri in vece loro entrano alla pugna fin tanto che gl'esserciti commettano con tutte le forze il publico fatto dell'armi. Quiui si fecero diuersi incòtri dall'vna parte, & dall'altra, & nelle prime battaglie quei di Congo restarono vincitori, & dapoi essendosi diuerse volte combattuto con danno d'amen due le parti, & mancando già le vittuaglie, & per conseguente amalandosi, & morendo gl'huomini, il campo del Re di Congo si disciolse ognuno ritornādo alle sue case.

In

In questo Paulo Diaz senza potersi congiungere con l'amico essercito, spinse inanzi, & passando il fiume si fermò in Luiola per esser sito forte di natura, da resistere al Re d'Angola. Il sito di Luiola è tale, che li due fiumi Coanza, & Luiola si congiungono insieme presso la marina 105. miglia, & poco di sopra questo congiungimento s'appressano quei fiumi ancora per vna tratta d'archibugio, talche formano vna quasi Isola, nella quale al congiungimento delle dette fiumane s'erge vn colle, che fu preso da Paulo Diaz, & per star più sicuro, fortificato, & non vi essendo per l'adietro habitatione, al presente è cresciuta in piccola terra da Portoghesi habitata.

Cosi dal predetto luogo occupato da Paulo Diaz, & chiamato Luiola, per lo fiume si nauiga al mare con legnetti, & per terra vanno senza periglio con la via di 105. miglia. Iui appresso sono li monti, che chiamano di Cabambe, producenti infinito argento, i quali va sempre acquistando il predetto Diaz, & per quei monti è la contesa tra lui, & quei d'Angola, percioche conoscendo essi, che li Portoghesi prezzano cotali monti per cagione delle caue dell'argento abondeuoli, à più potere gliene vietano. Combatteno etiandio in altre parti, peroche varcando il fiume Coanza fanno continuamente discorrimenti i Portoghesi nelle contrade al Re d'Angola soggette.

Le armi di questi popoli sono archi lunghi sei palmi con le corde di corteccie d'alberi, & saette le quali sono fatte di legno sottili più del dito picolo, & lunghe sei palmi, & hanno i lor ferri fatti da loro à guisa d'hamo, & le penne in cima d'augello, vsando essi di portarle al numero di sei, ò sette nella mano dell'arco senza Turcasso. Li pugnali sono formati col manico à guisa di coltello portati da loro alla cintura nel sinistro lato, & adoprati sopramano, conoscono nei mouimenti militari la maestria della guerra, & qualche ordine, peroche in diuerse battaglie interuenute fra loro, & Portoghesi, si è veduto, che fanno i vantaggi loro contra il nemico, come in assaltare la notte, & in piouoso tempo, accioche gli archibugi, & le bombarde non prendano il foco, & diuidono le forze loro in più schiere. Non vsa il Re d'andar' alla guerra in persona, ma li capitani suoi vi manda, & hanno per costume quelle genti di fuggire incontinente, che veggono morto il suo capitano senza potersi fermare con argomento veruno, & perdono il campo, & sono tutti pedoni, & senza caualli, & i capitani se pur non vogliono caminare fansi portare da schiaui in vno di tre modi, che diremo. Vanno alla guerra quei popoli in numero quasi infinito, & alla confusa, non rimanendo à casa niuno atto all'armi, ma non fanno già essi apparecchio delle necessarie vittouaglie per lo campo, & quelle che hanno le conducono su le spalle di loro serui, benche habbiano molte spetie di animali, che potrebbono domesticare, & seruirsene à tirare, & portare, come in altra parte di questo trattato scriueremo. Onde auiene, che arriuando in qualche regione con tutto l'essercito, gli alimenti consumano del tutto, & non hauendo

poscia

poscia che mangiare, sciolgono l'hoste nel bisogno maggiore dell'impresa, sforzati dalla fame al ritornarsene alle patrie loro.

Sono forte creduli a gli augurij, & se alcuno augello vola sinistramente ò canta nella maniera, che essi fan professione d'intendere, & gl'annuntij auersità, ouero che non vadino più auanti riuolgonsi adietro, il che per antico osseruarono li primi Romani, & gl'altri pagani ancora. Et se paresse strano, come alcuni pochi soldati Portoghesi, che trattiene Paulo Diaz, & altri di quella natione, che traficano in quel reame, & gli danno sussidio al numero di 300. al più insieme con li schiaui loro, & li malcontenti, & rubelli, & fuggitiui d'Angola, che à lui ricorrono, i quali tutti non ascédono già mai alla quantità di 15. mila huomini, possano fare così gagliarda resistenza à quella inumerabile turba di negri, soggetti al Re d'Angola, che si rauna, come è detto alla somma d'vn milione d'anime. Dico, che ciò accade conueneuolmente, conciosia cosa che l'essercito de'negri vadi nudo, & senza prouedimento d'arme da difesa, & quelle da offesa consistono in archi, & pugnali, come è detto, ma li nostri pochi sono ben coperti da alcune giubbe imbottite, & foderate di bambagia, & ricucite, & trapuntate saldamente, che gli armano infino al ginocchio, & le braccia, & la testa riparata da capelli lauorati dell'istessa materia, che resistono alle gittate delle saette, & à colpi de'pugnali: oltre a ciò cingono le spade lunghe, & qualche cauallier e tra loro porta arme in hasta, valendo vn huomo à cauallo per centinaia de negri, & sono molto temuti da essi, & sopra tutto coloro, i quali scaricano gl'archibugi, & i pezzi dell'artiglieria contra loro, de'quali hanno strema paura, à tanto che li pochi ben armati, & ordinati con ingegno & arte vincono gl'assaissimi.

Questo Regno d'Angola è pieno di gente, oltre ad ogni credenza, pigliandosi quante mogli altri vuole, & moltiplicando quei popoli senza fine, il che non accade nel regno di Congo, che alla Cristiana viue; tal che affermaua il Signor Odoardo, & lo credeua, il Regno d'Angola hauer forse vn millione d'huomini da combattere, sì perche ciascuno togliendo assai mogli genera molti figliuoli, & sì percioche ogn'vno volótieri và alla guerra in seruitio del suo Prencipe.

E parimente ricco de molte caue d'argento, & di rame finissimo, & d'altri metalli vi è più di qual si voglia altro paese del mondo, & fruttifero d'ogni maniera d'alimenti, & di bestiami diuersi, & in specialità di mandre di vacche, vera cosa è che quelli popoli amano la carne de' cani più di qual si voglia altra, & gli nutriscono perciò, & ingrassano, & nelle publiche beccherie si tagliano, & vendono, & affermaua, che vn cagnaccio grande auezzo al toro si vendette in cábio di 22. teste di schiaui, che à 10. ducati l'vna valeano 330. in sì fatto pregio è tenuto quell'animale. Le monete che spédonsi in Angola sono diuerse dalle lumache di Congo, peroche vsano li pater nostri di vetro fatti in Venetia grandi come vna noce, & più piccoli, &

di codi colori,& forme diuerse,che s'adoprano da que' popoli non solo per moneta,ma etiamdio per adornamento de gl'huomini,& delle femine al collo,& alle braccia,& si chiamano in quel Idioma Anzolos,& quando sono infilzati al modo d'vn Rosario diconsi Mizanga.

Il Re d'Angola è di se gentile adorante gl'Idoli con tutte le genti dello stato suo, vero è che egli hà desiderato di farsi Christiano ad essempio del Re di Congo,ma per non vi essere infino ad hora stata la possibilità de mādarui sacerdoti ad illuminarlo,si rimane in quelle tenebre. Narraua il sudetto,che al suo tempo mandò Ambasciadore al Re di Congo chiedendo Religiosi,che lo amaestrassero nella Christiana religione,ma non ve ne essendo,non gli ne potè inuiare,& hora trattano quei due Rei insieme,& sono amici quel d'Angola scolpatosi delle represaglie,& vccisioni,che comise cō tra quei di Congo,& li Portoghesi à Cabazo.

La lingua de' popoli d'Angola è l'istessa di quei di Congo,peroche si come habbiamo ricordato,è tutto vn Regno,solo vi è quella differenza, che anco tra le nationi de' confini,come tra Portoghesi,& Castigliani,ouero tra Venetiani,& Calauresi,che proferendo li vocabuli diuersamente,& à modi varij torcendoli(quantunque tutto sia vn'Idioma)con qualche difficultà s'intendono.

Habbiamo detto, che il Seno delle vacche parte per lo mezo il Regno d'Angola,& infino à qui si è trattato della metà di lui, hora scriueremo la seconda parte che giace dal seno delle vacche in ver mezo giorno. Così dunque dal seno delle vacche in fino al capo detto Negro, per la costa dell'Oceano si contano 220. miglia di paese somigliante al descritto,& posseduto da molti Signori obedienti al Re d'Angola,& dal Capo nero stendesi vna linea verso Leuante,la quale taglia per mezo li moti,che si chiamano Freddi, & in certe parti di loro più alte in verso l'Equinotiale si dicono Neuosi da Portoghesi,& và à finire alle radici d'altre montagne, che si appellano del Cristallo. Da questi monti neuicati scaturiscono l'acque del lago Dumbea Zocche,& questa linea dalla montagna del Cristallo tira inannzi verso Tramontana per li monti dell'argento infino à Malomba,oue dicemmo che si diuedeua il Regno di Congo partendo il fiume di Coari per lo mezo. Tale è il paese dal Re d'Angola posseduto,di cui non hebbe à dir altro ne manco delle condittioni della sua persona,& corte.

Del circuito del Regno di Congo posseduto al presente da questo Rè, secondo li quattro lati descritti. Cap. VIII.

INcominciando adunque dal fiume Coanza, & tirando inuerso l'Equinottiale 375. miglia trouasi il fiume, che chiamano las Bareras vermeglias,

DEL REGNO DI CONGO LIB. II.

glias, che fono ruine delle rupi rofe dal mare; lo quali cadono moftrandofi di quel colore, & d'indi per linea diritta quel che poffede è 450. miglia, & di la partendofi questa linea inuerfo l'Ostro paffa per li monti del Chriftallo, che non fono li fudetti d'Angola, ma altri, & per quelli del falnitro, & alle radici della montagna dell'argento, trauerfando il fiume Verbela, finifce nel lago d'Aquelunda con 500. miglia; & per la quarta linea per lo corfo del fiume Coanza, che efce dal detto lago con 360. miglia, talche tutto quefto reame, tenuto adeffo dal Re D. Aluaro di Congo gira 1685. miglia. Ma il trauerfo di lui incomincia alla foce del fiume Zaire, oue è la punta, che in Portoghefe dicefi Padraon; tagliado il Regno di Congo per lo mezo; & attrauerfando le mótagne del Sole, & del Chriftallo, iui finifce per diftanza di 600. miglia preffo il fiume Nilo 150. miglia. Vera cofa è che anticaméte gli anteceffori di quefto Principe, fignoreggiauano molte altre côtra de circonftanti, le quali in proceffo di tempo hanno perduto; & ritengono anco li titoli di tutte quelle regioni, benche fiano in poteftà d'altri, cioè, Don Aluaro Rey de Congo, y Abundos, y de Matama, y de Quizama, y de Angola, y de Angoi, y de Cacongo, y de los fiete Reynos de Congere amolaza, y de los Pangelungos, y fennor del Rio Zaire, y de los Anziquos, y Anziquana, y de Loango, &c.

Prouincie del Regno di Congo.

Diuidefi quefto reame in fei prouincie nominate, Bamba, Sogno, Sundi, Pango, Batta, & Pemba. Quella di Bamba che è la maggiore, & più ricca, è gouernata da Don Sebaftiano Manibamba cugino del Re Don Aluaro proffimamente morto, & è fituata per la cofta del mare dal fiume Ambize, fin al fiume Coanza verfo mezo giorno, & hà fotto il fuo dominio molti fignori, i nomi de' quali fono quefti de' più grandi, Don Antonio Mani Bamba, che è Luogotenente, & fratello di Don Sebaftiano, & Mani Lemba vn'altro, & Mani Dandi, & Mani Bengo, & Mani Loanda, che è Rettore dell'Ifola di Loanda; & Mani Corimba, & Mani Coanza, & Mani Cazzanzi, & quefti tutti fignoreggiano la cofta del mare, ma in fra terra per la parte d'Angola fi nominano los Ambuados, i quali reftano inuerfo Angola obedienti all'ifteffo Manibamba, & fono quefti Angazi, Chinghengo, Motollo, Chabonda, & altri molti di minor côditione. Nota che quefta parola Mani fignifica fignore, & il refto è il paefe, & la fignoria, come in efempio Mani Bamba vuol dire fignore della contrada di Bamba, & Mani Corimba, che è parte di Bamba fignore di Corimba, & cofi degl'altri. Quefta prouincia di Bamba confina con Angola per mezo giorno, & per la parte di Leuante verfo il lago Chelûde giace Chezzama contrada che fi gouerna a Republica diuifa in molti fignori, i quali viuendo in libertà nó obedifcono al Re di Congo, ne meno à quel à quel d'Angola, & vltimamente dopò l'hauer molto conteſo queſti ſignori di Chizzama con Paulo Diaz, ſono à lui diuenuti vbidienti per fuggire il giogo del Re d'Angola, & dell'aiuto di queſti il Diaz, ſi ſerue contra il ſudetto Re d'Angola.

Hor la contrada predetta di Bamba, come è detto, e la principale del regno di Congo, & la chiaue, & lo ſcudo, & la ſpada, & la difeſa di lui, & che fa frontiera agli aduerſarij; Concioſia coſa che reſiſta à tutte le ribellioni di quelle parti, & hà valoroſe genti, che ſempre ſtanno pronte all'armi, ritenendo, i nemici d'Angola, & ſempre biſognando il Re di loro ſi vale per qual ſi voglia turbamento dell'altre contrade. Quando è neceſſario puote raunare in campo quattro cento mila huomini da guerra, eſſendo la ſeſta parte ſolamente del regno; ma ben la migliore, & più grande: la Città principale di queſta ſignoria giace nel piano, che ſi ſpande infrà il fiume Loze, & Ambrizze, & chiamaſi Panza, che è nome commune ad ogni terra, doue ſtà il ſignore lontana dal mare cento miglia. In queſta prouincia incominciano li monti, oue ſi trouano le caue dell'argento, & di tutti gli altri metalli, che tirano inuerſo il Regno d'Angola, e ricca molto: percioche a' lidi del ſuo Mare trouanſi le lumache, le quali ſeruono per moneta al regno di Congo: & perche anco vi è il trafico maggiore delli ſchiaui condotti d'Angola, che ſi comperano da' Portogheſi ogn'anno più de cinque mila teſte de' negri, & poi ſi conducono in parti diuerſe a vendere. Le genti di queſta contrada ſono le più valoroſe in arme di tutto il regno, & vanno armate di ſpade lunghe, & larghe, come li ſchiauoni, portate loro di Portogallo, & ſi ritrouano huomini poderoſi, che partono per lo mezo vn ſchiauo in vno colpo, & mozzano la teſta ad vn toro con eſſo vn taglio di quelle ſpade, & più (coſa che parerà incredibile) vno di queſti valent'huomini ſoſtenne ſul braccio vn vaſelletto de vino, che è il quarto d'vna botte, il quale poteua peſare d'intorno a 325. libre fin tanto che ſi votaſſe tutto. Portano da vantaggio l'arco, & le ſaette, in che ſono molto deſtri, & veloci, & oltre a ciò hanno la targa lunga di Dante, della quale habbiamo di ſopra ricordato negli Anzichi.

Animali della contrada di Pamba.

GLi animali che ſi trouano in queſta contrada ſono prima gli Elefanti: i quali naſcono in tutto il regno di Congo, ma principalmente nella contrada di Pamba per eſſer più abondante di ſelue, & di paſcoli, & di acque delle altre, ſcorrendoui molti fiumi, come è detto, & paeſe appropriato a nodrire quelle beſtie, che hanno ſformata grandezza, peroche narraua d'hauere miſurato nella poluere le pedate d'vno Elefante molte fiate, l'vna delle quali tenea
di dia-

di diametro quattro spanne, d'onde si puote (figurando vn cerchio) conoscere la grandezza di tutto il corpo di quella fera, il quale piè chiamano Malo Manzao, cioè piede d'Elefante, & se in Portogallo, in Italia, & in Lamagna à tempi nostri si sono veduti di questi animali assai minori per rispetto della sudetta misura, erano giouani, & condotti in queste regioni di tenera età per domesticarli, & si ragiona in quelle parti, che viuono 150. anni, & infino al mezo dell'età loro stanno sù l crescere. Conforme à questa verità aggiungeua d'hauer veduto, & pesato alcuni denti, non corna, come alcuni stimano, i quali ascendeuano à libre 206. di 12. oncie l'vna. Nella lingua di Congo si chiama il dente dell'Elefante Mene Manzao, cioè dente di Liofante; & li piccioli figliuoli loro si nomano Moana Manzao, cioè figlio d'Elefante. L'orecchie sono grandi più d'vna targa delle maggiori, che adoprino li Turchi, lunghe sei spanne, di forma ouata, ristringendosi inuerso le spalle nel più acuto, & con loro si cacciono le mosche, & con la tromba, & con la coda, & alcuni hanno lasciato scritto che anco increspando la pelle, doue non giunge la tromba, ò le orecchie, & la coda, l'vccidono.

Nella qual sua coda hanno essi crini ò sete grosse, come giunchi, ouero sparto di color nero lucente, & li vecchi più belli, & forti de'giouani, & più stimati, li quali pregiano quelle genti per ornarsene il collo gl'huomini, & le donne nobili nel regno d'Angola, & degl'Ambundi loro vicini, amandole per esser belle, & rare d'animali così grandi, & sono molto salde, & à guisa di fune: si che vn huomo non potrebbe tirandole con le mani in parti contrarie romperle con quanta forza hauesse maggiore, anzi più si guastarebbe le mani. Per la qual cosa molti si trouano, che appostando gli Elefanti, che ascendano per qualche stretto sentiero, & erto, si gli pongono dietro, & con taglienti coltelli mozzano quella coda, non potendo in quelle strette volgersi la fera in dietro alla vendetta, ne aggiungendo con la tromba il nemico, per hauer solamente li crini, che vendono due, ò tre schiaui l'vna, altri leggieri, & valenti affidandosi nel corso assalta con insidie per di dietro quegli animali, métre pascono, & có esso vn colpo tétano di mozzare quella coda saluandosi poi correndo su le volte, peroche la grandezza di quella bestia, è ben veloce per lo dritto, facendo li passi lunghi ancorche tardi, & nel piano è più veloce d'ogni gagliardo cauallo: ma ingirando perde tépo, & il cacciatore si ricoura in sicuro: & molti sono aggiunti, & amazzati da gl'Elefanti cogliendoli al dritto.

Scrissero gl'Antichi mal informati, che gl'Elefanti non si poteuano coricare, onde si appoggiauan à gl'alberi, & essendo quelli da cacciatori segati, & indeboliti cadeuano in terra con l'albero, & si prendeuano così atterrati. Ma il Signor Odoardo affermaua eglino coricarsi, ingenocchiarsi, ergersi in due piedi à gl'alberi per mangiare le frondi, & bere l'acque le quali alcuna fiata ritrouansi nelle caue loro, & hauer le giunture, come gl'altri animali: ma in parti diuerse; peroche nelle mani non pare che infino alle spalle tengono più de due giunture. In pascendo sogliono suellere, & diradicare gl'alberi grossi con le spalle, & con tutto il dosso, ouero li minori, traponendoli tra li loro due denti, & intorcendoli, & cauandoli per rodere le frondi sue, & alcuna volta accade che si rope vno de' denti, onde si veggono poi sdentati per le campagne. Masticano co' denti corti, che non appaiono come quelle due sanne lunghe, & porgono il pasto in bocca con la manica ò tromba, ò proboscide, à guisa di braccio, & mano, il sommo della quale è formata quasi in dita con cui prende anco le minute cose, & le nocciole, & le paglluche, & il grano, & se lo pone in bocca, sì come io Filippo hò veduto in Lisbona.

Portano il parto le femine di questi animali due anni senza più, & non potendosi alleuare il piccolo Elefante così tosto, peroche tardo cresce, & si toglie dal latte, & diuiene atto al pascere da se stesso: hà proueduto la madre natura, che non s'impregnano se non di sette anni, in sette anni. La pelle loro è dura oltre ad ogni credenza, imperoche grossa quattro dita, non si puote forare, ne anco dal colpo d'vn archibugio, & raccòtaua, che cò vna piccola bobarda, che Petreraa si dice, ne fù percosso vno senza ferirlo, ma ben grauemente ammaccarlo, & andòsi à morire d'indi lontano tre giornate tutto arrabiato vccidendo alcuni schiaui, che s'abbatterono per la via.

Non sanno domesticare quelle fere, di cui trarebbono molto commodo, & vtile nel portare le robbe da vn luogo all'altro, & in diuersi altri vsi, ma ben le pigliano cauando alcune fosse molte cupe in quei siti, doue sogliono andare al pasco, le quali fosse sono strette nel fondo, & larghe di sopra, affine che non si possano aiutare, & saltar fuori caduti che vi sono. Ricuopronle di terreno, & d'herbe, & di fronde, accioche non si aueggano dell'inganno, onde passandoui sopra, affossati rimangono: & narraua d'hauere co' suoi proprij occhi veduto in Coanze cosa ammirabile, che essendoui precipitato vn picciolo Elefante condotto dalla madre, ne potendo ella trarlo fuore con quanto se ne sforzasse, sotterò il figlio, & vi pose sopra herbe, & sterpi, & rami sì fattamente, che riempì la buca à fine, che li cacciatori non godessero di quel figlio, amando meglio l'vcciderlo, che abbandonarlo in mano de cacciatori. Questa madre amoreuole senza temer le genti, che le stauano d'intorno gridando con diuerse armi, strepitando, & facendo fuochi contro lei, sicura nella natura sua poderosa affaticòsi dalla matina al vespro in volerlo tirar fuori, & non essendo possibile adoprò quanto è detto.

E animale benigno, & confidato assai nella sua forza, non hà paura, ne fa danno à chi non lo infesta, accostandosi alle case senza malefitio; se vede nel camino gl'huomini, non gli offende, se non è molestato, solo con quella tromba leggiermente suole alzare alquanto in aria, chi gli si fa incontra senza più. Amano grandemente l'acque, & volendo altri vederne s'appressa alle fiumane, & à laghi doue essi hanno per costume di ritrouarsi al
meriggio

meriggio per bere, & rinfrescarsi, & bagnarsi nell'acque infino al mezo del corpo, & quello che rimane di sopra con la sua proboscide ò tromba, empiendola d'acqua si irrigano tutto il rimanente del corpo, & per la comodità di tanti guazzi, & di paschi, come è detto, viuono assaissimi di questi animali nel reame di Congo.

Onde affermaua il Signor Odoardo d'hauerne veduto andando da Cazanze in Loanda in vna valle picciola, & fresca d'intorno a 100. (vsando d'andare in compagnia, come le vacche, & li cameli, & simili bestie mansuete, non solo a guisa de' Leoni, & d'altre fiere feroci) fra grandi, & piccioli, che seguiuano le madri, & furono li primieri piccoli, che egli infino all'hora hauesse veduto. Hor abondando tanto d'auolio quella contrada, consideraua accadere, percioche nascendo in quella regione gran moltitudine di Liofanti, & per l'adietro non si facendo conto di cotal materia, ma solamente dopò, che li Portoghesi incominciorono ad hauer pratica di quelle regioni, esser stata in pregio, & ritrouandosene per le campagne assai, in si lunghi secoli ve ne sia raunata vna infinita quantità, che infino adhora si vende à buona derrata.

Non si sà che alcuno animale sia tãto grande quanto l'Elefante in quei paesi, ne che vi nasca il Rinoceronte pari à lui, il quale chiamano Bada in India: ma si bene che nelle regioni de gl'Anzichi sono portati alcuni di quei corni, che loro crescono sul naso molto pregiati, & adoprati per malatie diuerse; talche si può credere, in quelle parti ritrouarsene alcuni.

I Leoni trouansi nel paese de gl'Anzichi simili à gl'altri, che in diuerse parti del mondo nascono, ma non praticano in Bamba, doue tutta via nascono Tigri assaissimi della forma stessa, che sono quelli di Firenze veduti dal detto Signor Odoardo, che testificaua esser veramente Tigri. Narraua di loro vn costume notabile, & è che non assaltano gl'huomini bianchi, ma li neri, & si è trouato che la notte dormendo bianchi, & neri, essi hanno per diuorare vcciso li neri, & perdonato à bianchi, & dalle corti delle case stesse rapiscono gl'animali per la fame senza timore alcuno, quando non trouano alla campagna da viuere, & sono egualmente infesti à tutti gl'animali, & si chiamano li Tigri in quell'Idioma Engoi. Sono bestie feroci come il Leone, & mandano fuora il ruggio loro à guisa di lui, simili anco in tutto fuorche nel colore del pelo, perche il Tigre è macchiato, & il Leone schietto. Pigliano & vccidono li Tigri in varie maniere, conciosia cosa che oltre à quanto è detto di sopra, con sublimato, ò altro tosico nella carne mescolato gl'auelenano, ouero dipongono in certo legno nodi, & lacci, & in essi legano vn capretto, & la fiera venendo al pasto, rimane appesa sciogliendosi quell'ingegno, & quanto più si scuote più intricandosi. Altramente gl'amazzano con le saette, & con gli spontoni, & con gl'archibugi, essendo animale inimico à gl'huomini neri, alle greggie, & à gl'armenti. Tutta via il Signor Odoardo dicea d'hauerne tenuto vno già nato di 15 giorni, & alleuato

alleuato col latte di capra, il quale fatto già grande, lo seguiua come cane, & era domestico, ne volentieri permettea d'essere toccato da altri, che dal suo padrone, & ruggiaua, & si crucciaua con occhi spauenteuoli: in successo di tempo hauendo il Tigre vcciso vn cane di casa, & vna Zebra cari al padrone, vedendo egli che era pericolosa bestia l'amazzò con vna archibugiata, & aggiungeua, che in quella regione si tiene per veleno mortale li mostacchi del Tigre, i quali dati à mnagiare inducono morte, quasi rabiosa; onde il Rè castiga chiunque gli porta la pelle, senza li mostacchi.

Nasce parimente in questa contrada altro animale, che chiamano Zebra, comune anco ad alcune prouintie della Barbaria, & dell'Africa, il quale essendo al tutto delle fatezze d'vna mula grande, non è mula, peroche partorisce i figli, & haue il pelo molto singulare, & eccettuato da gl'altr'animali, conciosia cosa che dal filo della schiena inuerso il ventre sia listato di tre colori, nero, bianco, & leonato scuro; andandosi à congiungere insieme le liste larghe d'intorno à tre dita, ogn'vna alla sua in cerchio, & così il collo, & la testa, & le chiome non grandi, & l'orecchie, & le gambe tutte alternate di questi colori con tal ordine, che infallibilmente se incomincia dal bianco segue il negro, & nel terzo luogo il lionato, & poi vn'altra volta se incomincia dal bianco, & finisca nel leonato, mantenedo sempre la regola stessa. La coda haue à guisa di mula di color morello mal tinto, & lustro, & li piedi à guisa di mula, & le vnghie, ma il resto del portamento è leggiadro, & gaio alla somiglianza del cauallo, & sopra tutto nell'andare, & nel correre ammirabilmente leggiero, & veloce à tanto che in Portogallo, & in Castiglia ancora si dice, veloce come Zebra per notare vna estrema prestezza. Partoriscono ogn'anno questi animali, & si trouano in copia innumerabile tutti saluatichi. Seruirebbono fatti mansueti per correre, & tirare, & in guerra, & nelle altre cose tutte come li bonissimi caualli: talche pare la madre natura hauer proueduto in ogni contrada al commodo, & alla necessità degli huomini con diuerse maniere di animali, & di alimenti, & di temperanza d'aere, accioche nulla loro manchi. Non hauendo adunque in tutto il reame di Congo caualli ne sapendo vsare li buoi al giogo, ò col basto per farsi tirare ò portare, ne domesticando le Zabre col freno, & la sella, ouero in altra maniera pigliando la commodità di farsi condurre da bestie, la necessità mostrò loro l'adoprare gl'huomini inuece di giumenti: & così in certe quasi lettiere coricandosi, ò ponendosi à sedere coperti dal sole, ouero con le ombrelle si fanno portare da loro schiaui, ouero da huomini, che per guadagno stanno per ciò alle poste.

Et chi vuol andar veloce mena seco molti schiaui, & stanchi li primieri, sottentrano al peso li secondi, & così successiuamente cambiandosi, come fanno i Tartari de' Caualli, & li Persiani: vanno tanto velocemente quegli huomini auezzi à cotali fatiche, & mutandosi spesso, agguagliano il galoppo de' postiglioni. De' quali modi di farsi portare, & d'andar in viaggio

hab-

habbiamo disegnato le figure, & della Zabra, & degli habiti delle femine, & de gli huomini, & de'soldati, & de suoni militari, & dell'albero della palma.

Altre bestie si trouan da 4. piedi alquanto minori del bue, rosse con le corna à guisa d'vn caprone, liscie, & splendenti in nero di cui fanno lauori diuersi, come di quelle de'bufali. Hanno li capi, & li crini come buoi, & le pelli loro sono molto pregiate, peroche si portano in Portogallo, & d'indi in Lamagna per accóciarsi & l'appellano Dáte. Desidererebbe il Re di Cógo d'hauer huomini che le sapessero purgare, & ridurle in vso à fine di farne armi da difesa vsandole non dimeno quelle nationi per scudi, & targhe resistendo esse à colpi dell'armi, & massimamente alle tratte delle saette.

Gli amazzano con gl'archibugi, & con le saette, ma se del cacciatore si auedono l'assaltano, & essendo feroci, & animose lo pistano, & rompono co' piedi, & col muso, non potendo far danno loro con le corna, lasciandolo mezzo morto, ouero affatto vcciso. Non mancano infiniti buffali saluatici che vanno errando per quelli deserti nelli reami de gl'Anzichi, & asini saluatici parimente che onagri chiamarono li Greci.

Si trouano etiandio altre bestie chiamate Empalanga grandi, & di figura, come buoi, se non che tengono il collo, & la testa alti, & le corna sparse & ritorte, lunghe tre palmi, & compartite in nodi, finendo in aguzzo, di cui si possono fare bellissimi corni da suono: & quátúque viuano nelle foreste, tuttauia nó sono fastidiosi, adoprádosi la pelle del collo loro per le suole delle scarpe, & si mangiano, & potrebbono seruir à tirar l'aratro, & à tutta la coltinatione della terra. Si nodriscono oltre à ciò mandre assai di vacche & buoi domestici, & vi sono porci domestici, & cinghiali, & greggie di pecore, & capre, lequali capre, & pecore, affermaua il Signor Odoardo, che partoriscono due, & tre, & quattro agnelli, o capretti per volta, & quando meno due; & non gia mai vn solo, & per esser li paschi tanto grassi, tutti gli lattano le proprie madri, si come egli stesso nelle case proprie ha prouato, doue assai capi di quegli animali possede.

Vi sono lupi, li quali amano fuor di modo l'olio della palma, & hanno grande odorato, che è quella dote, la quale Virgilio attribuisce à cani, odora canú vis, peroche lo sentono da lunge, & lo rubbano nelle case di paglia la notte, & à coloro che per viaggio lo portano mentre posano dormendo.

L'olio come dirassi è fatto di palma, & spesso come butiro, & sodo, & è meraviglia come prendano con li denti quei lupi vna zucca piena di quel liquore, & sù le spalle se la portino via, come li nostri le pecore. Vi sono anco volpi assaissime, come le nostre rubbatrici delle galline. Si trouano etiá dio in questa contrada di Pamba innumerabile quátità di animali da caccia, come cerui, daini, caprioli, & gazelle, tal che affermaua di hauerne veduti branchi grandissimi, & così anco di conigli, & di lepri, percioche non vi sono cacciatori, che gli vcidano.

Nella regione di Pemba trouanfi molti gatti di zibetto, che li Portoghefi dicono d'Algazia, feluaggi, che domefticauano quelle genti, auanti ancora, che li Portoghefi vi pratticaffero per trarne il zibetto, che loro diletta l'odorato. Et in Manibatta prendono molti zibellini, canuti & finiſsimi detti In cire: ma niuno puote portare di quelle pelli fe non glie ne permette il Principe fendo in iftima, & valendo ciafcun zibellino vno fchiauo, & in verfo gl'Anzichi pigliano anco de Martori, de quali fi veftono, come à fuo luogo noteremo.

Scimie, Mone, & fimile beftie piccole & grandi, di ogni maniera fi trouano nel paefe chiamato Sogno, che giace ful fiume Zaire, alcune delle quali fono molto piaceuoli, & porgono paffamento di tempo, & maſsimamente vfate da quei Signori per diporto rapresentando effe, tuttoche irrationali, affai li fembianti, & li modi, & gli atti humani, & in ciafcuna di quefte nominate regioni fono di quefti fudetti animali alcuni in vna parte più & in altra meno.

Le bifcie, & li ferpenti nafcono di fpetie molto ftrane per rifpetto alli noſtri paefi in quelle regioni, & disformata grandezza, peroche fe ne trouano di 25. palmi di lunghezza, & di larghezza di cinque, & il ventre, & la bocca fi ampia, che poffono ingoiare, & capere nel ventre vn ceruo, ouero altro animale di quella grandezza, & chiamafi . . . . cioè à parola ferpe grande d'acqua, vfcendo in terra à pafcere, & poi ricourandofi nelle fiumane, viuendo effi in ambi due gli elementi.

Quefti fi pongon fopra li rami degl'alberi, & appoftano gl'animali, che vanno pafcendo iui d'intorno, & quando fi fono appreffati loro tanto, che poffono lafciarfigli cadere adoffo, gli allacciano có diuerfi giri, & li cacciano la coda di dietro, & cofi ftringendogli, & forandoli à morte gli conducono, & appreffo gli ftrafcinano in qualche folitario bofco, ò luogo, oue có tutta la pelle, & le corna, & l'vnghie, fe lo diuorano adagio.

Hor egli auiene che quando fi trouano cofi ripieni, & grauidi per tanto pafto rimangano quafi ebbri, & adormentati; onde qualfiuoglia fanciullo gli potrebbe amazzare, & in quel modo ftanno fattolli per cinque, ò fei giorni, & poi alla preda ritornano, & mutano le fpoglie loro alle ftagioni fue, & alcuna volta dopò l'hauer tanto mangiato, le quali fpoglie trouanfi poi, & fi raccolgono per moftra di quello fmifurato animale. Quefta bifcia è molto ftimata ne cibi de neri gentili, & via più delle galline, & di cotali dilicate carni, mangiandole arrofto, & ne fogliono hauer copia, quando fi brucciano le felue folte, reftando effe nel fuolo arfe dal foco.

Vi fono oltre à ciò le vipere ben conofciute da loro, tanto velenofe, che muoiono quelli che da effe vengono morfi in 24. hore: ma li negri conofcono certe herbe, le quali guarifcono le ferite loro. Vi fono anco certi altri animali che grandi quanto vn montone, à guifa di Draghi, hanno le ali, & la coda, & il mufo lungo con diuerfi ordini di denti, & mangiano carne cruda:

cruda: & il suo colore è azzurrino, & verde, & la pelle hanno dipinta in maniera di scaglie, con due piedi, li negri gentili sogliono adorarli come Dei & hora se ne veggono alcuni serbati da loro in marauiglia, & per esser molto rari conseruansi dalli signori i quali gli lasciano anco adorare da' popoli con loro grande profitto, & oblatione, che loro porgono.

Trouansi anco li Camaleonti, li quali hanno qnattro piedi, & nascono sopra li sassi, & viuono di vento, & d'aere grandi come vn ramarro, & loro simili, con la testa acuta, & la coda a guisa di sega: sono la più parte di colore celeste scuro & verdeggiante, & standoli a vedere in breue spatio di tempo si mutano in varii colori, & sogliono dimorare nelle alte pietre, & negli alberi, à fine di prendere il vento con che si nodriscono. Altri serpi sono velenosi, che portano al sommo della coda certa pallotta somigliante vn sonaglio, che si ode, forse dalla natura postaui, a fine che altri da loro si guardi, & si troua che questi sonagli, & le teste sono ottima medicina alla febre, & al male del cuore che trema: queste maniere di animali terrestri si trouano in quelle regioni, & altri comuni anco ad altri paesi.

Resta che parliamo degl'augelli, & prima delli Struzzi per esser maggiori degli altri, i quali si trouano in quelle parti del Sundi, & di Batta inuerso li Muzombi, & nascono li piccioli Struzzi delle vuoua loro, scaldate dall'occhio del Sole, & le penne loro vsano per insegne, & bandiere da guerra, mescolate con le piume del Pauone formandole alla sembianza d'ombrelle da Sole, & perche siamo giunti al fauellare del Pauone, dico, che s'alleuano in quelle parti d'Angola li pauoni in vn bosco circondato di muraglie, & non permette il Re, che altri tengono quelli vcelli che esso, per cagione delle reali insegne ch'habbiamo detto, & si legge nell'antiche historie di Alessandro il grande hauer molto priuilegiato questo augello all'hor che in prima fu in Europa veduto.

Vi sono li galli detti d'India, & galline, & oche, & anitre d'ogni maniera saluatiche, & domestiche, perdici tante che li fanciulli le prendono co' lacci. Altri vcelli si veggono come fagiani, che chiamano Gallignoles, colombi, tortore, & di questi augellini detti beccafichi infiniti, vcelli di rapina, come Aquile reali, Falconi, Astori, Sparuieri, & altri assai, de' quali nō si seruono per andare alla caccia. Augelli marini, come Pellicani, cosi chiamati da Portoghesi, bianchi, & grandi, che notano sotto l'acqua, & hanno le gorgie cosi grandi, che ingoiano vn pesce intiero, & questo augello ha si forte stomacho, & è naturalmente si caldo che digerisce i pesci interi, & la pelle loro è tanto calda, che se ne seruono gli huomini del paese à coprire, & scaldare lo stomaco freddo, & percio molto stimata.

Molte sono le garze bianche, & gl'Aironi berettini, che pascono in quei guazzi, & si chiamano reali, altri vcelli sono a guisa di gru col becco rosso, & i pie rossi, & grandi come le cicogne, & le piume la più parte rosse, & bianche, & alcune berrettine scure molto belli a vedere, che gl' huomini del paese del paese dicono Fiamenghi per assomigliarsi loro, & si mangiano.

Papagalli grisi grandi, & bene parlanti, & altri verdi piccoli, & poco fauellanti, Augellini piccoli, che chiamano di Musica maggiori che li Canarini di penna & di becco rossi, altri verdi, che solo hanno li piedi & il becco neri, & altri tutti bianchi, altri grisi, altri tutti negri più suaui nel cantare de' predetti, & pare che quasi parlino in cantando, altri di varij colori, che tutti cantano variamente per modo, che quei signori gli hanno da secoli antichi in quà, tenuti sempre in gabbia, & per lo canto loro grandemente prezzati.

Della Prouintia di Sogno, che è contrada del fiume Zaire, & di Loango. Cap. IX.

Questa contrada si chiude dal fiume Ambrize, verso il Settentrione in sette gradi, & mezo, trauersando il fiume Lelunda, & il Zaire, & va à finire nelle rupi nomate vermiglie, le quali sono alli confini del regno di Loango, & nel mezo di questa prouintia è vna terra, che col nome di lei è detta Sogno, doue stà il Gouernatore.

Li signori che reggono questa terra si chiamano Mani Sogno cioè signori di Sogno, & sogliono essere della casa reale, & questo che hor gouerna chiamasi D. Diego Mani Sogno, tiene sotto il il suo dominio molti altri signori minori, & altre prouintie, che anticamēte erano da per se, come son li popoli di Mōbalas situata più presso alla città di Congo aggiūti a quel gouerno.

Et dall'altra parte del fiume Zaire inuerso Tramōtana è la prouintia del Palmar, cioè Palmeto, peroche vi sono assai palme: altri sig. che confinano col Re di Loāgo, il quale soleua esser sogetto al Re di Cōgo, ma in processo di tēpo si è fatto come libero, & fa d'amico professione, & nō di vasallo, & chiamauāsi anticamēte li populi di questa regione los Bramas, & va infra terra sotto la linea dell'Equinottiale verso l'Oriēte infino a' termini dell'Anzicana, sempre lungo le mōtagne, che lo diuidono dagl'Anzichi in Tramōtana, i quali sono chiamati da quei di Loango Congreamolal, che fu già suddito di Congo.

In questo paese di Loango sono molti Elefanti, & copia grande di Auolio, & si dà in cambio di poco ferro, & per qual si voglia chiodo di naue d'anno vn dente d'Elefante; perche ò non vi nasce, ò non lo sanno trar dalle caue, & lauorare, & se ne seruono à far li ferri delle saette, & le altre armi, si come habbiamo ricordato delli Bramas fauellando.

Lauorano assai drappi di palma, de' quali dicemo di sopra; ma sono più piccoli, & fini, & abondano di vacche, & d'altri animali mentouati. Sono di se gētile, & l'habito loro è al modo di quei di Congo, & guerreggiano co'nemici confinanti, che sono gl'Anzichi, & quei dell'Anzicana: & quando imprendono

prendono guerra con gl'Anzichi, chiedono sussidio a quei di Congo, così mantenendosi in mezo liberi, & adorano, cioche loro piace, tenendo per il maggior Dio il Sole, come maschio, & la Luna come femina; nel resto ogn'vno s'elegge il suo Idolo, che adora ad arbitrio suo. Queste genti ageuolmente abbraccierebbono la fede Christiana, peroche molti di loro, che habitano a'confini di Congo si sono conuertiti al Christianesmo, & gl'altri per mancamento di Sacerdoti, & di chi insegni loro la vera dottrina in quella cecità rimangono.

Della terza contrada chiamata Sundi. Cap. X.

Questa Prouincia di Sundi è la più vicina alla Città di Congo chiamata S. Saluatore, & comincia lontano da lei 40. miglia, fuor del suo territorio, & và sino al fiume Zaire, & anco di là in quella parte, che si dice la caduta, di cui habbiamo ragionato di sopra, & tiene all'insù del fiume per vna ripa, & l'altra inuerso il Settentrione, confinando con l'Anzicana, & con gl'Anzichi, & inuerso il mezo giorno all'incontro del detto fiume Zaire sin al congiongimento con lui del fiume Bancare, & per le sue ripe al le radici del Monte del Cristallo: ne'termini del regimento di Pango haue la sua terra principale, doue habita il Gouernatore del nome stesso della prouincia, cioè Sundi, situata presso la caduta del fiume vna giornata verso il mezo giorno.

Questa Prouincia, è la prima, & quasi il patrimonio di tutto il reame di Congo, & perciò è gouernata sempre dal primo genito del Re, & dalli Principi, che hanno à succedere, si come auenne al tempo del primo Re Christiano, che nomossi D. Giouanni, il cui primo genito, che ne era Gouernatore gli successe, & si chiamò D. Alfonso, & sempre hanno conseruato il medesmo costume li Re successiuaméte di consignare quel gouerno alli Principi, i quali debbono succedere nella Signoria, come il presente Re, che si noma D. Aluaro, il quale staua à quel gouerno auanti che il Re D. Aluaro suo padre morisse, & si dicea Mani Sundi. Onde si debbe notare, che in tutto il Reame di Congo non hà persona veruna, che posseda beni proprij, di cui possa disporre, & lasciar à gli heredi: ma il tutto è del Re, & egli compartisce li gouerni, le facoltà, & li terreni à chiunque gli piace, & à questa legge sono anco li figlioli reali sottoposti.

Per la qual cosa se alcuno li tributi non paga ogn'anno, che deue, il Re gli leua il gouerno, & lo dà ad vn'altro, come auenne al Re che hoggidì viue, il quale al tempo, che il Signor Odoardo si trouaua in quella corte, per esser egli molto liberale, & splendido senza misura, & donando à suoi vasalli, ne sodisfacendo alle grauezze che douea, fu dal Re priuo della rendita, & del gouerno, & della gratia sua, che in quell'Idioma dicono Tamboco; si come à pieno in altra parte di questa scrittura dechiararemo.

Molti sono li Signori, che obediscono al Gouernatore di Sundi, & li populi traficano co'vicini paesi, vendendo, & barattando sale & panni di colori differenti portati dall'Indie, & di Portogallo, & le lumachette per moneta. Et riceuono all'incontro drappi di palma, & auolio, & pelle di Zibellini & di martori, & alcune cintole lauorate delle foglie delle palme istesse, molto stimate in quelle parti.

Nascono in quelle contrade cristalli assai, & diuerse maniere di metalli: ma più amano il ferro, dicendo che gl'altri metalli sono inutili posciache col ferro formano coltelli, & arme, & scuri, & simili ordigni neccessarij, & profitteuoli all'vso della natura humana.

Della quarta Prouincia detta Pango. Cap. XI.

LA regione di Pango anticamente fu regno libero, che da se reggeuasi: & confina in Tramontana con Sundi, & dal mezo giorno con Batta, & da Ponente col contado di Congo, & da Leuante con le montagne del Sole, & la sua terra principale, che è stanza del Rettore hà l'istesso nome, stante su la ripa occidentale del fiume Barbela, che anticamente si chiamaua Pange lungos, & poi col tempo si corrupe il vocabolo in Pango. Scorre per lo mezo di lui il fiume Barbela, il quale tragge la sua origine dal gran lago, che dà il principio al Nilo, & da vn'altro lago minore, detto Achelunda, & mette nel Zaire, & quantunque sia la minore di tutte l'altre côtrade, tuttauia, non rende minore tributo.

Fù conquistato questo paese dopo la contrada di Sundi, & fatto vasallo alli Prencipi di Congo, & hora è tutto vno di lingua, & di costumi, ne vi hà differenza alcuna, & il gouernatore di lui si chiama al presente D. Francesco Manipango; & è della più antica nobiltà de' Signori di Congo, & sempre ne côsigli di stato vien chiamato per esser huomo già vecchio, & di grande prudenza: percioche già più de 50. anni siede al gouerno di quella regione, senza querele, ne che il Re gli habbia tolto quel gouerno giamai, il trafico di questa prouincia è somigliante à quello di Sundi.

Della quinta Prouincia, che si dice Batta. Cap. XII.

LI confini di questa contrada inuerso Settentrione sono il paese di Pango, & in Leuante prende al trauerso il fiume Barbela, & giunge alli Monti del Sole, & alle radici delle môtagne del salnitro, & verso mezo giorno dalle dette montagne con vna linea passante per lo congiungimento del fiume Barbela, & del Cacinga infino al monte bruciato.

In questi termini si contiene Batta, & la Città sua principale oue dimora il ta il Prencipe chiamasi parimente Batta. Anticamente si nomaua Aghirimba, dapoi guastosi il vocabolo, & hora dicesi Batta. Fù regno per antico forte, & grande, & di sua spontanea volontà si vennie à congiungere col regno di Congo, senza guerra, per esserui forse dissensione infra li grandi, & perciò è vantaggiato fuor dell'altre prouincie del reame di Congo in priuilegi, & libertà. Percioche sempre si assegna il gouerno di Batta ad vno del sangue delli Re di quel paese, a suo arbitrio, non hauendosi più rispetto all'vno, che all'altro, purche sia della schiatta, & linea reale, ne al primogenito, ò secondo, non si hereditàdo quel gouerno, ma dandosi dal Re di Congo, come è detto, a suo piacere, a finche non se l'vsurpino per successione, ò ribellione. Siede più presso al Re di niun'altro gouernatore, ò Signore del reame di Congo, & è la secóda persona, ne alle sue ragioni puote per decreto altri contradire, come a quelle di ciascun altro: & se mancasse la linea del Re di Congo, à lui toccherebbe la successione: & si noma D. Pietro Manibatta.

Alcuna volta mangia alla mensa del Re in sedia minore stante, il che non è concesso ad alcun'altro Signore di Congo, ne anco à figliuoli del medesimo Re: la corte, & il seguito di lui è poco meno di quello del Rè di Congo; menando trombe, & nacchere, & altri strumenti inanzi, come à Rè conuiene, & si chiama volgarmente da Portoghesi Prencipe di Batta, percioche, come è detto, mancando la successione delli Re di Congo ad vno di quel sangue caderebbe l'Imperio di quel regno.

Guereggia sempre li gentili, che con lui confinano, & puote raunare insieme d'intorno 70. ouero 80. mila huomini da combattere: & percioche stà in continua militia co'populi vicini, gli concede libertà di tenere archibugieri de suoi vasalli naturali, non permettendo il Re di Congo à niun gouernatore dell'altre prouincie, ne anco à suoi figliuoli, che habbiano archibugieri natij del paese, ma ben Portoghesi.

Et domandando alcuna volta il Signor Odoardo al Re per qual cagione egli non daua licenza à gl'altri rettori d'hauere presso di loro scopettieri, gli rispose, che se per auentura si ribellassero contra lui con mille, ò due mila archibugieri, esso non hauerebbe la possibilità di far loro resistenza. Et percioche habbiamo detto che a solo il Prencipe di Batta concede il Re archibugieri del paese proprio, egli conuiene sapere, che lo fa per necessaria cagione, imperoche verso Leuante di Batta, oltra le montagne del Sole, & del salnitrio, alle ripe del Ponente, & del Leuante del fiume Nilo, & alli confini dell'Imperio del Moenhe Muge viue vna gente, che si chiama Giaquas da quei di Congo, ma nel suo paese chiamasi Agag, molto feroce & bellicosa, & data all'arme, & alle rubberie, la qual fa continoui discorrimenti ne paesi circonstanti, & alcune volte in quel di Batta: onde fa mistieri, che sempre stia in arme, & in sua guardia, & mantenga archibugieri per difendersi da loro.

Haue

Haue il Prencipe di Batta molti Signori sotto se, & li populi naturali di consi Monsobos, & il linguaggio loro con quelli di Congo s'intende, & è gente più rozza delli Maciconghi, & li schiaui, che di là vengono condotti, riescono molto ostinati.

Il trafico è l'istesso, come' de gl'altri populi, che habbiamo prossimamente narrato: ma la rendita, & il profitto del Re, che trahe di Batta, ascende al doppio più de due predetti.

Della sesta, & vltima contrada chiamata Pemba. Cap. XIII.

LA contrada di Pemba è situata nel cuore, & nel mezo del reame di Congo, circondata, & compresa dalli predetti confini, il cui rettore si dice D. Antonio Manipemba, figlio secondo del Re D. Aluaro, che è morto, & fratello del Re al presente regnante, & percioche suo padre caramente l'amaua gl'assegnò quel gouerno, non sapendo che meglio potergli donare, eccettuato il reame stesso, come hauerebbe desiderato per esser più conforme alla sua natura del primo genito: ma non si conueniua per la legge del regno, che non l'hauerebbe consentito.

Questo paese è il centro dello stato di Congo, & l'origine de gl'Antichi Regi, & il terreno doue nacquero, & la sedia & capo de gl'altri principati; & per ciò assignato à lui la Città reale di tutto l'Imperio di cui daremo seguentemente piena informatione. Habita il sudetto gouernatore di Pemba in vna terra dell'istesso nome, situata alle radici del mōte bruciato, lūgo il fiume Coze, che nasce dal lago, & scorre per la regione di Bāba in Mare.

Li Cortegiani, & Signori, & seruitori del Re di Congo hanno li beni, & poderi, & le facultà sue in questa prouincia, per esser più vicina alla Corte, & commoda à condurre le vittuaglie, & altre robbe alla corte. Alcuni delli quali Signori in quella parte massimamente, che confina con la prouincia soprascritta di Bamba, hanno à combattere, & difendersi dalli populi di Chizzama per esser loro più vicini, li quali, si come è detto, sono ribellati dal Re di Congo, & fan professione di gouernarsi alla libera.

Qui finiremo il primo libro, che cōsiste nella descrittione del regno di Congo in generale, & de confini suoi, & in particolatità di tutte le sei prouincie di lui. Resta che procediamo più auanti nel secondo; doue si tratterà il sito della Città di Congo, & del suo tertitorio, & del principio, che questo Re vēne al battesimo, & de suoi costumi, & della corte di lui, & dell'altre conditioni pertinenti al gouerno ciuile, & militare di quelle genti. Descriuerasi appresso li regni circostanti, & le regioni tutte attorno inuerso il mezo giorno, fin al capo di Bonasperanza, & più oltre le riuiere, & li paesi dell'Oceano opposto all'India, & infra terra li reami del Prete Giani, toccando anco la nascita, & origine del Nilo, & le cagioni del suo aumento ammirabile che dalli sciocchi è riputato miracolo.

DELLA RELATIONE DEL REGNO DI CONGO.

LIBRO SECONDO.

Del sito della Città reale del Regno di Congo. Cap. I.

ANCORCHE la Città reale del Regno di Congo sia compresa in vn certo modo nella contrada di Pé ba: nondimeno dipendendo il gouerno di essa, & del suo territorio, che puote girare tutto attorno forse 20. miglia dal proprio Re, poniamola in separato reggimento.

Questa Città si chiama S. Saluatore, & per l'adietro nell'Idioma del paese nomauasi Banza, che vuol dire generalmente Corte, doue soggiorna il Rè, ouero il Gouernatore, & è situata lontano dal Mare 150. miglia in vna gran mótagna, & alta, quasi tutta di sasso partecipe nondimeno della vena del ferro di cui si fabricano li casamenti, la qual montagna incima haue vn piano tutto coltiuato, & fornito di casali, & villate, circondante forse 10. miglia, oue si alloggiano, & vi uono più di 100. milia persone.

Il terreno è fruttifero, & l'aere fresco, & sano, & puro, & vi surgono acque assai buone à beuere, le quali in alcun tempo non recano gia mai alla persona detrimento, & vi sono animali assai d'ogni maniera. Il giogo è spiccato & distinto da tutti gl'altri, che vi stanno d'intorno, & perciò lo chiamano i Portoghesi Oteiro, cioè à dire vedetta, & altezza singolare, della quale si può mirare tutto attorno la campagna, vero è che solamente inuer Leuāte, & la fiumana è discoscese & forte trarupato.

Per due ragioni posero li primi Signori del Regno questa terra nella sòmità sudetta, prima, perche giace nel mezo, quasi centro di tutto il reame, onde subitamente si puote mandare susidio ad ogni parte, & poi, per che stà in sito per natura eleuato, & di buon aere, & sicuro, ne si può sforzare. Per la via maestra che si monta, riguardante la marina, lontana come è detto 150. miglia, & è larga, & competente, & che và girando, si camina al sommo con cinque miglia, & per Leuante scorre alle radici vn fiume al quale

scen-

scendono le femine per vn miglio di camino à lauarli panni, & in alcune parti sono valli piantate, & coltiuate, ne vi lasciano contrada alcuna senza lauorare per esser il paese doue habita la Corte.

La Città è posta in vn cantone, ouero Angolo di quel giogo inuer sirocco, la quale il Re D. Alfonso il primo Christiano cinse de mura, dando alli Portoghesi separatamente il suo luogo chiuso di muro, & egli parimente serrando il suo palazzo, & le case reali di muro lasciando nel mezo di questi due serragli vno spatio grande, doue è fabricata la Chiesa principale con la sua piazza dinanzi, & le porte altre si delli casamenti signorili, & delle habitationi de Portoghesi riguardano alato della Chiesa sudetta, & nel principio della piazza habitano alcuni Signori grandi della Corte, & dietro la Chiesa la piazza finisce in vna strada stretta, che hà la sua porta, vscendo della quale sono molte case inuerso Leuante. Fuori di queste muraglie, nelle quali sono chiusi li casamenti reali, & la Città de'Portoghesi, al tre fabriche si trouano assai di Signori diuersi, ogn'vno prendendo alla cófusa il sito, che gli torna bene, per habitare presso la Corte, talche nó si puote determinare la grandezza di questa Città, oltra alli due circuiti delle mura, essendo tutta quella campagna piena de ville, & di palazzi, ogni Signore nelli suoi casamenti chiude come vna terra. Il circuito de Portoghesi abbraccia d'intorno ad vn miglio, & altre tanto li casamenti del Re, & le mura sono assai grosse, ne si chiudono le porte la notte, ne meno vi stanno le guardie.

Non mancano acque in tutta quella pianura altissima abondeuolmente: ma la Corte, & la Città de'Portoghesi, ne beuono di fontana continua nascente inuerso tramontana, scendendo al basso vna tratta d'archibugio, & portandosi alla Città con vasi di legno, & di terra cotta, & di zucche su le schiene delli schiaui.

Tutta la pianura è fruttifera, & coltiuata, & ha prati herbosi, & alberi sempre verdi, & produce grani di varie maniere, ma il principale & migliore chiamasi Luco, il quale è fatto à modo delle semente della Senaura, alquanto maggiore, & si macina con molini da mano, & n'esce bianca farina, & fassi pane bianco, & di buon gusto, & sano, ne punto cede à quello, di formento, se non che con esso si celebra, & di cotali granelli è copia in tutto il regno di Congo da poco tempo in quà, venendo la sementa dal fiume Nilo, in quella parte doue empie il secondo lago.

Vi è il miglio bianco nominato Mazza di Congo, cioè grano di Congo, & il Maiz che è il più vile de tutti, che dassi à porci, & così anco il riso è in poco prezzo, & al Maiz dicono Mazza Manputo, cioè grano di Portogallo, appellando essi Manputo Portogallo.

Gl'alberi sono etiandio diuersi, che producono assaissimi frutti, attanto che la più parte del populo si nutrisce delli frutti del paese, come Cedri, Limoni, & in particolare aranci saporosissimi, che nó sono ne dolci, ne agri, &
che si

che si mangiano senza nocumento. Et contaua il detto signor Odoardo hauer veduto per dimostrare la vberta del paese) che d'vn granello del frutto del cedro serbato nella polpa, & nel proprio cedro in quattro giorni nasceua il picciolo pedale. Altri frutti sono, che nominano Banana i quali crediamo essere le Muse d'Egitto, & di Soria, ma in quelle contrade crescono grandi come alberi, ma le tagliano ogn'anno affinche produchino meglio, & sono frutti molto odorati, & di buon nodrimento; varie spetie di palme crescono parimete in quelle pianure: l'vna è di Dattili, & l'altra di noci d'India dette Coccos, perche hanno dentro vna testa che somiglia ad vna Simia, onde hanno per costume in Ispagna di proferire Coccola per far paura a' fanciulli. Altro arbore di palma vi nasce simile alle predette, del quale si trahe olio, vino, aceto, frutti, & pane; l'olio si fa dalla polpa del frutto che è del colore, & della sostanza del butiro, ma più verdeggiante, & l'vsano come l'olio, & il butiro, & arde, & se ne vngono le persone, & è bonissimo al mangiare, & lo spremono da quei frutti come l'olio dall'oliue, & lo cuocono per serbarlo. Il pane si fa dall'osso di detto frutto, che è à guisa di amádole, ma più duro, dentro al quale è il midollo buono à mangiare, & sano, & di nodrimento, & tutto questo frutto è verde insieme con la polpa, & si mágia crudo, & arrostito. Il vino si caua dal sommo dell'arbore facendoui vn pertugio, da cui stilla liquore simile al latte, che li primi giorni e dolce, & poi diuiene agro, & in processo di tempo aceto, che serue all'insalata, mà si bee fresco, & muoue l'orina, talche non si trouano huomini, che in quei pae si patischano renelle, ne pietre nella vesica, & fa diuenir ebbro chi troppo ne beue, & e di grande nodrimento.

Vi sono altri arbori che producono frutti nominati Cola: i quali sono grandi, come vna pigna, & hanno dentro altri frutti a guisa di castagne, in cui sono quattro polpe separate di rosso colore, & incarnato: li tengono in bocca, & masticano, & mangiano, per ispignere la sete, & far saporita l'acqua: & conseruano lo stomacho, & l'acconciano: & sopra tutto vagliono al mal del fegato. Et diceua che spruzzando con quella materia vn fegato di gallina, è d'altro simile augello, che sia già putrefatto, lo ritorna fresco, & quasi nello stato di prima, & è in vso commune di tutti questo alimento, & in copia grandissima, & percio è buona derrata. Altre maniere di palma si trouano saluatiche, che rendono frutti varii, che si mangiano, & serbansi le foglie loro al tessere stoie, & per coprire le case, & per ceste, & corbe, & simili stromenti ciascun giorno bisogneuoli. Altri arbori sono chiamati Ogheghe, che producono li frutti a guisa di susine gialle, & bonissime a mágiare, c e tengono dell'odorato. Di questi arbori tagliano i rami & piantandogli spessi tanto che si tocchino allignano & allignando & crescendo grossi fanno steccati, & pareti d'intorno alle case, ponendogli poscia delle stuore cosi formano vn serraglio, & cortile, & anco seruono di quasi pergole per far ombra, & difender dal caldo del Sole. Nel mezo di questi chiusi fabricano

F   li casali casamenti di legname, coperti di paglia, & diuisi in stanze commode terrene, non alzandole in solari, & le foderano poi di stuoie molto belle, & delicate, & adornano in maniere diuerse. In che debbesi notare, che non fabricano così alla pastorale per mancamento di materia, percioche nelli monti del reame di Congo si trouano luoghi assai, li quali generano pietre finissime di spetie diuerse, da quali potrebbono cauare colóne, & architraui, & base, & altri pezzi grádi ad arbitrio di chi volesse edificare, attáto che afferma ua egli ritrouarsi alcuni massi tanto grandi, che in loro si potrebbono scalpellare vna chiesa intera d'vn pezzo, della pietra stessa che è la Auguglia, ch si dirizza hora dinanzi la porta del Populo.

Vi sono oltra ciò li monti del Porfido, & del Diaspro, & del marmo biáco, & d'altri colori diuersi, che qui in Roma chiamano di Numidia, d'Africa, & d'Ethiopia, alcune colóne del quale si veggono nella capella Gregoriana, & altre pietre granite, infra le altre sono ammirabili quelle che cópródono in sè li Giacinti, che sono gioie, i quali sparsi, quasi vene nelle madri pietre loro, nel separarli, & trarli fuore à guisa di pomo granato, si diuidono in granelli, & pezzetti di quella nobile gèma, et chi volesse di tutto il masso formar colóne, ouero obelischi, o d'altri lauori tali, si vedrebbono sparsi, & luceti di g oielli formosissimi. Vi sono anco altre rare pietre che tègono del metallo, & di varii colori, come di rame, che sono uerdi, & lustri, & lisci, & si potrebbono da loro formare statue, & ogn'altr'opera di singolar bellezza. Nó è adúque la carestia della materia, abódádouii li móti delle pietre sudette, & d'altre forse più che altroue dell'vniuerso módo, & oltre à ciò la calce, & gl'arbori per le traui, & gl'animali p le salmerie, & tirar carra, & ogni prouedimèto p fabricare. Ma bè gl'architetti, & i scalpellini, & i muratori, & mastri di legname fallano, & altri tali artefici, & quando furono edificate le chiese, & le mura, & l'altre fabriche in quelle contrade si códussero gl'huomini di Portogallo.

Vi sono li tamarindi, & la cassia, & il cedro, in tàta quàtità nascètelúgo il fiume di Cógo, che se ne potrebbono cóporre nauilij infiniti, & s'adopra nelle case, & altri alberi d'altezza, & grossezza sformata, Gl'horti producono qual si voglia spetie d'herba, & di frutti come poponi, meloni, cocomeri, cocuccie, cauoli, & tali, herbe, & più nó allignanti ne nostri climi d'Europa

Dell'origine, & del principio del Christianesimo del Regno di Congo, & come li Portoghesi conseguirono questo comercio. Cap. II.

IL Re Don Giouanni il secondo volendo scoprire l'Indie Orientali mandò diuersi nauilij per la costa dell'Africa a riconoscere questa nauigatio-

nauigatione, li quali hauendo trouato l'Isole di Capo Verde, & l'Isola di S. Tomaso, & correndo quella costa, videro il fiume Zaire, di cui habbiamo ragionato, & hebbero iui buona prattica con quelle genti, & le prouarono cortesi, & amoreuoli. Dapoi mandò per l'istesso effetto altri vaselli à cercare questo comercio di Congo, i quali vedendo libero il trafico, & l'vtile, & la gente amicheuole, rimasero iui alcuni Portoghesi per imparare la lingua, & con loro traficare, fra li quali restò anco vn Prete da Messa, & conuersando li Portoghesi col Signor di Sogno, che era zio del Re, & molto attempato, che in quel tempo dimoraua nel porto di Praza, che è la foce del Zaire, erano stimati da quel prencipe li Portoghesi, & riueriti quasi come Dei terreni, & venuti dal Cielo in quelle regioni.

Ma li Portoghesi diceuano loro, che erano huomini come essi, & Christiani, & vedendosi essere da quei populi tanto pregiati, cominciarono il Prete, & gl'altri à ragionare con quel Prencipe della Christiana fede, & mostrar' loro gli errori della credenza pagana, & à poco à poco insegnarli la nostra religione à tanto, che piacque al detto Signore cioche li Portoghesi diceuano, & rimase conuertito.

Con questa fidanza & buon spirito il Prencipe di Sogno andò alla corte à far' intendere al Re la verace dottrina delli Christiani Portoghesi, & à confortarlo, che riceuesse la fe Christiana, che era tanto chiara, & salutifera. Onde il Rè mādò à chiamare il Prete alla Corte à fine di trattare personalmente, & intendere cioche il Signore di Sogno gli haueua narrato, & informato che fu, si conuerti, & disse di voler essere Christiano. A questo tēpo ritornarono in Portogallo quei vaselli, che erano da Congo nauigati, co' quali mandò il Re di Congo à pregare il Re D. Giouanni il secondo di Portogallo, che gli mandasse tutti gli ordini, & li sacerdoti per farsi Christiano, & il Prete scrisse à lungo d'intorno à questo affare, conforme alla volontà di quel Re, dandogli piena informatione di quanto era accaduto. Cosi il Re gli indirizzò religiosi, & ornamenti per le chiese, & per altro, & croci, & imagini, & gli fu proueduto di tutto cioche era bisogno ad vn'attione tale.

Fra tanto non lasciaua giorno, & notte il Prencipe di Sogno di trattare col Prete Portoghese, tenendolo in casa sua, & alla sua mensa, & apprendere per se, & insegnare la legge Christiana à quei popoli, & fauorire ad ogni suo potere il Christianesimo, & seminarlo, poiche in quei paesi cominciaua germogliare & radicarsi, perseuerando tutti quei popoli, & l'istesso Re nel desiderio di purgarsi da quella abomineuole superstitione, attendendo le naui di Portogallo con li prouedimenti del battesimo, & il rimanente delle cose à ciò conueneuoli.

Arriuarono le naui di Portogallo con gl'aspettati prouedimēti, che fù negl'anni 1491 della nostra saluatione, & pigliando porto alla foce del fiume Zaire, il Principe di Sogno con dimostratione di singular' allegrezza
gli

gli corſe incontra, con tutti li ſuoi gentilhuomini, & accolſe li Portogheſi
lietamente, & li conduſſe alli ſuoi alberghi. Il ſeguente giorno, ſecondo il
parere del Prete, che rimaſe, fabricò quel Signore vna Chieſa di tronchi, &
rami d'alberi, che egli in perſona co' ſuoi ſeruitori andò à tagliare diuota-
mente nella ſelua; & coperſe con loro vn ſito, come Chieſa in cui alzaronſi
tre Altari in riuerenza della ſantiſsima Trinità, doue ſi battezzò egli, & vn
ſuo figliolo fanciullo, chiamandoſi Emanuello, nome del Noſtro Saluatore, & Antonio ſi appellò il figlio per eſſer quel ſanto protettore della Città
de Lisbona. Hor ſe alcuno qui domandaſſe, che nomi haueſſero le genti
di quei paeſi, auanti che riceueſſero la fe Chriſtiana, per certo parerà incredibile il riſpondere, che gli huomini, & le femine non teneſſero proprij nomi conuenienti à rationali, ma comuni alle piante, alle pietre, & agl'augelli, & alle beſtie.

Et li Signori ſi dinominano da gli ſtati, che haueano in gouerno, come
per eſſempio il predetto Signore, il quale primieramente ſi fece Chriſtiano
in Congo nomauaſi Maniſogno, cioè Signore di Sogno, & battezzato ſi
diſſe Emanuello: ma hora tutti generalmente hanno il nome de' Chriſtiani, loro da Portogheſi moſtrati.

Si celebrò appreſſo la Meſſa cātata, dopò la quale vn ſacerdote di quelli, che erano venuti di Portogallo ſalì in alto, & fece vn breue ſermone in
Portogheſe linguaggio dechiarando la ſomma della noua religione, & fede Euangelica, che eſsi riceueuano, il qual ſermone il Prete, che iui dimora
ua, hauendo già imparato quell' idioma, dichiarò piu diffuſamente alli Si
gnori, che ſtauano in Chieſa: percioche il populo innumerabile iui concor
ſo alla conuerſione del ſuo Principe, non capea nella Chieſa, il qual Prencipe dapoi vſcì in publico à recitare tutta la predica alle ſue genti, con grā
carità amaeſtrandole, & incitandole ad abbracciare con eſſo lui la creden
za verace della dottrina Chriſtiana.

Fatto queſto, s'inuiarono tutti li Portogheſi inuerſo la Corte per battez
zare etiandio il Re, che à ciò miraua con deſiderio feruentiſsimo, cō li qua
li il Rettore di Sogno ordinò, che molti Signori de' ſuoi andaſſero con ſuo
ni, & canti, & amirabile allegrezza, & gli diede ſerui, che portaſſero tutte le
robbe loro, comandando à popoli, che recaſſero alle ſtrade vittuaglie d'o-
gni maniera per eſsi, & tante erano le genti, che concorreuano à vederli,
che parea quaſi tutta la campagna coperta di perſone, che accoglieuano
con amoreuolezza li Portogheſi Chriſtiani, cantando, & ſonando trombe,
& cimbali, & altri ſtrumenti di quei paeſi. Et coſa amirabile è à dire, che
per le 150. miglia, che ſi fanno dal mare alla Città del Saluatore le ſtrade
erano tutte nette, & ſpazzate, & abondantemente fornite d'alimenti, & di
commodità per li Portogheſi.

Vſano in quelle contrade, quando il Re, & li Signori principali van fuo
ri di nettare le vie, & acconciarle, ma in quella occaſione molto più, concio

fia cofa che li Portoghefi, riueriti, come heroi, procurauano al Re il dono della fede, & la falute dell'anima, & vniuerfalmente à ciafcuno il lume di Dio, & l'eterna falute.

Lontano tre giornate dal luogo, d'onde partirono, videro li Cortegiani del Re, che gl'incontrarono, & prefentarono rinfrefcamenti, & gli fecero honore, & di luogo in luogo trouauano altri Signori, che per l'iftelfo effetto erano mandati dal Rè à riceuere li Chriftiani, & gli apportatori di letitia cofi grande. Arriuati appreffo la Città tre miglia, tutta la Corte venne ad accogliere li Portoghefi con ogni maniera di pompa, & d'allegrezza, & di fuoni, & canti, che in quelle contrade s'vfano nelle più folenni fefte, & tanta era la turba delle genti, che foprabondaua alle ftrade, che non vi era albero, ne luogo rileuato, il quale non foffe carico di perfone corfe à vedere quegli huomini pellegrini, & portanti legge noua, & falute uole. Il Re gli afpettaua alla porta del fuo palazzo fopra vn folio, & tauolato alto, & gli riceuette publicamente, fi come han per coftume li Re antichi di quel regno, quando vengono Ambafciadori, ò fi pagano li tributi, ò fanfi cotali altre cirimonie reali. Primieramente l'Ambafcidore efpofe l'ambafciata del Re di Portogallo, feruendo per interprete il prete fudetto, che fù il principale auttore della conuerfione di quei populi.

Dopò l'ambafciata il Rè fi leuò dalla fedia ritto, & moftrò co'l volto, & con le parole fegni chiari della grande letitia, che fentiua per la venuta de Chriftiani, & ritornatofi à federe, incontinente tutto il populo infieme cõ gridi, & fuoni, & canti, & manifefti argomenti d'allegrezza, feguendo le parole del Re, moftrarono fommo contento di quell'Ambafceria: & per atto d'obedienza tre volte fi ftefero in terra, & alzarono i pie, fecondo l'vfanza di quei regni, in approuando, & lodando l'attione del fuo Principe, & accettando cordialmente il Vangelo, che loro dal Signor Iddio, per mano di quei religiofi veniua apportato.

Vide poi tutti li doni mandatigli dal Re di Portogallo, & le vefti de Sacerdoti, & gli ornamenti dell'altare, & le croci, & le tauole in cui erano dipinte l'imagini de fanti, & le bandiere, & il confalone, & il rimanente ad vna ad vna facendofi con incredibile attentione dichiarare ciafcuna cofa. Appreffo ritirofsi il Re, & alloggiò l'Ambafciatore in vn palazzo fatto a pofta per lui, & tutti gli altri furono albergati in altre cafe de Signori diuerfi, con ogni abondanza & commodo.

Il giorno vegnente mandò il Re à chiamare tutti li Portoghefi priuatamente, doue fi diuifo il modo, che fi haueua à tenere per battezzare il Re, & mandar' ad effetto la conuerfione di quei populi alla fe Chriftiana, & dopò varij difcorfi fù cõchiufo, che prima fi edificaffe vna Chiefa, accioche iui con folennità maggiore fi celebraffe il battefimo, & le cirimonie, & in tanto fi anderebbe infegnando al Re, & à gli altri della Corte, & amaeftrãdoli nella Chriftiana religione.

Il Re

Il Re mandò à far prouedimento di tutta la materia con gran fretta di legnami, di pietre, di calce, & di mattoni secondo che gli fù proposto dalli maestri, & muratori, i quali per cotal effetto di Portogallo erano andati. Ma il demonio, che non cessa mai d'attrauersare le buone operationi, & sante, solleuò discordie fresche & congiure, & impedimenti contra questo essaltamento della fede Christiana, la quale veniua à distruggere la potestà di lui in quel reame, & à piantarui l'albero salutifero della croce, & il culto del Vangelo, ribellandosi alcuni populi degli Anzichi, & dell'Anzicana, i quali habitano ad ambedue le ripe del fiume Zaire dalle cadute premostrate all'insuso verso il lago appartinenti al Re di Congo.

Hor questo fiume grandissimo ritenuto da quelle cadute si gõfia, & spãde il largo letto, & profondo nell'ampiezza del quale surgono Isole assai maggiori, & minori, alcune delle quali nodriscono forse 30. mila anime. In queste Isole, & ne i luoghi circonstanti alle riuiere si solleuarono li populi, & si tolsero dall'obedienza del Re, amazzando li Gouernatori mandati ui da lui, à finche s'interrompesse mediante questa ribellione l'effetto della Christianità, che già s'era incominciato. A che prouide il Re col mandarui il suo figlio maggiore, chiamato Manisundi, nel cui gouerno era quella contrada: ma essendo necessario, che il Re vi andasse in persona, per essere il tumulto grandissimo, si volle prima batezzare, & così cessò l'opera della Chiesa di pietra, formandosene in fretta vna di legname. La quale egli in persona insieme con li Portoghesi ordinaua nel modo che si douea fabricare, & in essa riceuette l'acqua del santo Battesimo, chiamandosi D. Giouanni, & la moglie di lui Donna Eleonora, col nome del Re, & della Regina di Portogallo, & quella Chiesa intitulò al Saluatore.

Quinci nacque il turbamento, & la rebellione de' populi sudetti, & non dalle genti, che habitano nelle Isole del lago grande, come si scriue nel primo libro dell'Istorie dell'Indie nouamẽte dettate in latino; percioche quel lago è lontano d'intorno à 200. miglia dalli confini di Congo, ne di lui ha ueasi per quelle stagioni (& poca etiandio al presente) notitia veruna ò conuersatione se non per vdita, & oltre à ciò è notato anco iui quei populi ribellanti appellarsi Mundiqueti per fallo di lettere: peroche dirittamente sono chiamati da Portoghesi Anziqueti.

Si battezzarono in quel giorno alquanti altri Signori ad essempio delli Re, hauendo prima qualche principio della Christiana dottrina, & fatto questo il Re in persona andò à ributtare li discorrimenti de gl'auersarij cõtra li quali già staua il Principe suo figlio, & il Signor di Batta, con essercito formato, combattendo. Alla giunta del Rè gl'inimici s'arrenderono, & sottoposero à quella obedienza, che dianzi teneuano, & così ritornossi il Re trionfante alla Città di Congo, & con esso lui il Principe suo figliuolo, che subitamente si volle far Christiano, prendendo il nome del primiero Principe di Portogallo, che fu Alfonso, & con lui molti gentil huomini, &

Caua-

Caualieri, & altri seruitori della sua prouincia.

Hora il nemico della Christiana fede, che pur seguiua nella peruersa opera d'impedire il Christianesmo di questi populi, veggédo, che per la guerra non hauea guadagnato nulla, pose in opinione al secódo figliuolo del Re, che non consentisse alla noua religione, che il padre, & la madre, & il fratello, & tanti altri signori haueano preso, seminando la Zizania in lui, & in altri Signori, che lo fauoriuano, inclinato più al vitio della carne, che alla virtù, contrastando al Vangelo, che si cominciaua à predicare, il qual comandaua che più d'vna moglie non si tenesse, cosa, che tra loro era più ardua & difficile à riceuere di niun'altro commandamento costumando essi di prenderne quante voleano.

Cosi diuisi in due parti li fratelli, ciascuno manteneua la sua. Il primo fratello D. Alfonso difendeua con gran feruore la Christianità, abbrugiando gl'Idoli di tutta la sua Prouincia, & il secondo la combattea di maniera che la maggior parte de Signori principali era del canto dal Pango, che cosi nomauasi per esser Gouernatore della contrada di Pango, tra quali, già erano entrati alcuni delli Signori battezzati; le femine le quali vedendosi da loro Signori separate, per vigore della legge Christiana, se lo recauano à grand'ingiuria, & iscorno, maledicendo la noua religione, & allegandosi gli vni con gl'altri tendeuano insidie a Don Alfonso, stimando, che se potessero leuarlo del mondo, cesarebbe la fede Christiana, li quali tutti insieme col Pango dauano ad intendere al padre, che il Principe D. Alfonso fauoriua la parte Christiana, afine di soleuarsi, & ribellarsi col suo fauore cótra lui, & cacciarlo del Regno.

Ilche lasciandosi egli adintendere priuó il figliolo del gouerno in che staua; ma la prouidenza diuina, che lo riserbaua ad effetto maggiore, lo sostentò mediante il consiglio d'alcuni, che ricordauano al Re suo padre, che non si mouesse à furia, anzi prima esaminasse le ragioni del Principe, & fu massimamente persuaso dal Manisogno, che habbiamo detto essersi prima fatto Christiano, & chiamato D. Emanuello, il quale si trouò in quel tempo alla Corte, con le sue buone ragioni, & con la destrezza del suo ingegno (per esser il più vecchio cortegiano, & signore di quella età, molto amato dal Re, & da tutto il populo) rimosso il Re dalla sentenza fatta contra il Principe D. Alfonso, & informatosi poi dell'animo, & dell'attioni di lui, conobbe esser false le accuse, & maligne contra il figliolo, & gli restituì di nouo lo stato, commandandoli, che non procedesse con tanto rigore contra li populi pagani in essaltamento della Christiana religione. Ma egli pieno di carità, & di spirito diuino non lasciaua d'aumentare la fe del Vangelo, & di mandare ad essecutione i commandamenti di Dio.

Onde gl'auuersarij suoi, che nó risinauano gia mai, stádo all'orecchie del medesimo Re, cótinuamēte andauano cō ingāni, & occulti modi strugēdo quáto edificaua quel buó Principe, massime essēdosi in quei giorni partito

il Siil Signore di Sogno per lo suo gouerno. Dimaniera che non vi essendo più chi difendesse la Christiana legge, entrò quel Re in dubio della fede, la quale auanti haueua con tanto zelo abbracciata, & di nuouo mandò à chiamare il Principe, che venisse alla Corte per render conto dell'entrate riscosse della contrada del suo gouerno, con intentione di priuarnelo, finiti li conti.

Ma egli illuminato dal buon Angelo, & scoprendo gl'aguati de'nemici di Dio, & suoi, andauasi trattenendo tanto, che in questo tempo il padre già vecchio da infirmità naturale passò all'altra vita. Ma la madre, che sempre stette ferma nella fede Cattolica, amando molto il primo figliuolo, tenne celata la morte del Re tre giorni, aiutata da suoi fedeli, dando voce che il Re haueua ordinato che niuno entrasse: & in questo mezo secretamente significò al figliuolo per via de'corritori (che di luogo in luogo per conueneuoli distanze, quasi poste, stanno tuttauia presti a portare li commandamēti del Re per tutto il reame) la morte del padre, & che la terrebbe nascosa infino alla venuta di lui, & che s'auanzasse senza indugio, & con ogni fretta alla Corte. Onde egli (per quelle poste medesimo facendosi portare da serui, secondo l'vsanza del paese, di, & notte) compì in vn giorno & due notte, con esquisita diligenza il camino di 200. miglia, & alla sprouista comparue nella Città.

Mòrto il Re D. Giouanni primo Re Christiano gli successe il figlio D. Alfonso, & le guerre contra il fratello, & de' miracoli accaduti, & della conuersione di quei populi. Cap. III.

HOr insieme con la morte del Re, si publicò la successione alla corona di D. Alfonso presente, & egli stesso accompagnò alla sepoltura il padre morto, con tutti li Signori della Corte, & li Portoghesi in pompa funerabile non più veduta per l'adietro da quelle genti, facendoli al modo de Christiani gl'offitij, & le preghiere de morti. Ma coloro che inanzi erano aduersarij del Re nouello, non si tenendo sicuri nella Corte, si vnirono col Pango, il quale dimoraua nella prouincia del suo gouerno, & guereggiaua viuendo anco il padre li Mozombi, & altri populi già rubellati, & vdita la morte del padre, & inteso esser di già il fratello collocato nella sedia reale, compose con nemici, & congregò vn essercito grande, & venne armato contra il fratello menando seco quasi tutto il regno, che lo fauoriua al numero forse 200. mila huomini. Il Re D. Alfonso gli aspettò alla Città reale con li pochi, che teneua consigliato, & aiutato dal buon vecchio Signore di Sogno,

DEL REGNO DI CONGO LIB. II.

Sogno, che con esso lui in virtù della santa fe di Christo, & della douuta obedienza allegato, & facendo la lista degl'armati amici, che per difenderfi da vn tanto nemico hauea, trouò non ascendere ne anco al numero di 10. mila infra li quali non erano se non d'intorno à 100. Christiani del paese, oltre ad alcuni pochi portoghesi, li quali iui s'abbatterono.

Queste genti tutte erano ben poche à così fatto incontro, & perciò non molto ferme anzi dubbiose, & timide per la gran possa, che il Pango trahe ua seco: ma il Re confidato nella sua fe salda, & nell'aiuto celestiale rinforzò li suoi con l'ottimo vecchio infieme, il quale non lasciaua giorno & notte con l'opere, & con le parole d'inanimare quelli pochi, che haueano, accioche aspettassero con animo virile gl'assalti degl'auersarij, dandoli à conoscere, che Dio sarebbe in susidio loro. Così mentre questi attendeuano gli andamenti de'nemici, quelli si spinsero innanzi all'assedio della Città con tanto strepito di bellicosi strumenti, & romori, & gridi, & minaccie terribili, che quei pochi, che si trouarono nella Città, perdendosi d'animo, sì li Christiani, come gl'altri, si presentarono al Re, dicendo, che egli non hauea forza da resistere ad hoste tanto poderosa, onde parea loro migliore il far qualche buona concordia & abandonare la nuoua religione dianzi presa, afine di non cadere nelli mani de gl'auersarij crudeli.

Mà il Re pieno di religioso ardimento gli rimprouerò la fellonia loro, & gli chiamò codardi, & paurosi, dicendo, che se eglino haueano voglia di passarsi à nemici, lo facessero; peroche egli solo con quelli pochi, che lo seguissero, confidaua col fauore de Dio, non già con l'humana possibilità di vincere quella innumerabile turba; & senza domandargli, che con esso lui menassero le mani, ò si mettessero al rischio della vita contra gl'auersarij, solamente restassero à vedere.

Mà essi punto non diuenendo perciò manco pusillanimi, anzi determinati di lasciare il Re, & ricourarsi, & già inuiandosi fuori della Città, occorse loro il buon vecchio Signore di Sogno, il quale con alcuni pochi de'suoi era ito à riconoscere il campo nemico, & à far prouedimento delle cose necessarie, a lui esposero cioche anco haueuano significato prima al Re, che sembraua espressa mattezza il mettere a pericolo la vita, & la facolta con si poca gente, contra moltitudine infinita, & che più sicuro senza dubbio sarebbe il patteggiare, & saluarsi, à cui rispose con pietà, & valore Christiano, che così tosto non cadessero di speranza, & sì come il Re hauea loro dichiarato, mirassero in Giesù Christo Saluatore del mondo, la fe del quale haueano cõ tãto zelo nouamẽte guadagnata, il quale soccorrerebbe infallibilmente li suoi, nè volessero da temerarij mutar sentenza d'intorno à quella dottrina santa, che haueuano poco prima con sì gran feruore accettata, soggiogendo nõ hauer essi à cõbattere cõ gente straniera, ne cõ populi di lõtane regioni, ma cõ li suoi proprij parẽti, & paesani, talche nõ mãcarebbe loro già mai l'occasione d'arrẽdersi, & essere in amicitia abbracciati.

G   Ecco

Ecco disse, l'età mia gia ridotta alli 100. anni, & pure tolgo le armi per zelo, & riparo della religione, che io hò preso, & per l'homaggio, & honore che porto al mio Re: & voi che sete nel fiore degl'anni vostri, vi mostrate così vili, & timidi, & poco fideli al Re vostro naturale? Almeno se non volete combatter voi, fate animo a vostri vasalli, & non li sgomentate, & aspettiamo il primo incontro de' nemici, che poi non ci fallirà il tempo di eleggere altro partito, & prouedere alla nostra saluatione.

Con questi conforti ricuperarono l'animo gia perduto quei Signori, & ritornarono a dietro con esso lui a ritrouar' il Re, il quale staua nella Chiesa in oratione, chiedendo soccorso a Dio: attesero fin tanto, che vscisse fuori, & iui si posero a ginocchi dinanzi lui domandandoli perdono del mancamento, & della pusillanimità, che haueuano dimostrato inuerso lui suo Principe nel volerlo abandonare in quell' estremo pericolo, nuouo animo, & costante promettendo in sua difesa, & della legge, che haueuano riceuuta, & di combattere fin' alla morte. Ma il Re, il quale vedeua questo sussidio venire da Dio in prima gli rendè gratie tacitamente col core, votandosi di sacrificare se stesso per mantenere la fede sua, & poi con volto lieto disse. Io credo Signore che la tua grandezza sia infinita, & che puoi il tutto, & del poco far molto, & del molto poco, quando à te piacerà, ne dubito punto, che porgerai aiuto alla debolezza mia con la tua forza inuincibile, a fine che fauorito da te con questi pochi, & debili, rimanga io vincitore non solo di questo essercito; ma di vie maggiore se venisse: & prometto (Dio mio) oltre a quanto hò detto, di essaltare in tutto il tempo de mia vita la tua verace fede, il tuo santo nome, & la dottrina tua salutifera. In testimonio, & memoria della qual confessione, egli subitamente fe piantare vna Croce nel mezo della piazza al dirimpetto della chiesa, fatta dal padre di lunghezza ammirabile: peroche stédeasi 80. spanne con la trauersa misurata a proportione. Hor l'eterno Dio, che conosce la fede, con la qual procedea questo voto del buon Re, volle consolarlo con visione celestiale, che fu vna luce chiara, & amirabile, nell'apparir della quale gittosi in ginocchione piangendo, & alzando gl'occhi, & le mani al Cielo, senza formar parola dalle lachrime sopra fatto, & da singhiozzi tutto in spirito rapito, ne quello che egli mirò si vide, ne volse palesarlo ad alcuno gia mai, & tutti quelli, che interuennero alla presenza, fecero l'istesso, & perderono il lume de gl'occhi buona pezza d'hora per lo miracoloso splendore fuori di se rimanendo, & appresso leuando gli occhi ogn'vno al Cielo scorsero impresse in lui cinque spade molto lucenti, & chiare, che per lo spatio di forse vn hora stettero ferme in cerchio; il che esi non seppero giamai intendere, ne dichiarare. Le quali spade il Re prese per arma, come si vede nel sigillo suo reale vsato infino da quel tempo in quà, anco dal Re che hoggidì viue, & regna.

La Croce stessa ancora piantata per voto, si vede nel sito medesimo alla frõte della te della Chiesa, la quale pigliò nome di santa Croce per lei, che iui fu piantata, & dal miracolo che apparue.

Questa croce il Re morto D. Aluaro padre di questo rinouò (essendo la vecchia consumata dal tempo, & rosa, & caduta) della grandezza stessa, che fu la primiera in memoria di cotale miracolo. La visione predetta cófermò grandemente gl'animi delli cittadini, che auanti vacillauano, & spauentò la contraria parte, che di ciò intese alcuna nouella. Con tutto questo il Pãgo mandò a significare al Re, & a tutti coloro, i quali con lui erano, che se in continente non si arrendeuano, dandogli la Città, & creandolo, & giurãdolo Re, & di più non lasciassero la fresca religione Christiana, che tutti li manderebbe a filo di spada, ma se ciò facessero li perdonerebbe.

Alle qual cose li signori i quali col Re stauano, risposero che erano apparecchiati a morire in difesa del suo principe, & per la legge Christiana, & in particolare il Re gli mando a dire, che non temea le sue minaccie, anzi gli doleua infino al cuore, come suo fratello, il vedere che egli caminaua nelle tenebre, & fuori della strada della luce: che il regno legitimamente a lui perteneua, ne hauerlo con frode vsurpato, & la legge la quale egli haueua riceuuta era certa donatagli da Dio, che lo difenderebbe, & sosterrebbe in lei. Ben lo pregaua, che si allontanasse dalla falsa credenza del demonio insegnatagli, & si battezzasse, peroche diuerrebbe figliuolo di Dio per meritare la gloria celestiale. Dapoi il Re mandò à pigliar gioie, & altre robbe ricche della sua casa, & per inanimare quei signori, che con esso lui si trouauano, le compartì a tutti gratiosamente, di che rimasero molto sodisfatti, & gli obligo a seguire le sue insegne con animo più ardente. Fatto questo la notte stessa, quasi la metà di quella gente bassa che staua in arme, di nascoso fuggi nel campo del Pango, scorsa in timore, & ribellata dandogli ad intendere che il Re, & tutti gl'altri erano perduti d'animo, & già ciaschedu no pensaua al saluarsi, ne altro rimedio haueua allo scampo loro, che il sétiero, il quale al fiume conducea, scendendo come habbiamo narrato dalla città vn miglio.

Nel fine del qual sentiero, tra il fiume, & il monte stagnaua vna picciola palude alta due piedi, alla destra, & alla sinistra erano li monti, & le guardie del Pango, che assediauano il detto monte per modo, che non rimanea altra vscita, che il varcare quello stagno lungo vna tratta d'archibugio, & altretanto largo, & poi scorreua il fiume. Il Pango credendo a ciò che coloro gli haueuano ricordato, subitamente mando a chiudere quel passo con pali acuti nel fondo cóficcati di quel pantano, & coperti dall'acqua, acciò che se per lo buio della notte fuggissero i nemici, per non esser veduti, rima nessero in loro presi, & confitti. La notte stessa egli con tutto l'essercito staua in grand'allegrezza, aspettando la nuoua alba per dar l'assalto alla città, & pensando al modo, che più ageuole fosse, & competente. Ma D. Aluaro dall'altro confessandosi, & communicandosi con tutti li suoi più fedeli, attese il nemico, ilquale sicuro della vittoria, & già hauendo a grandi del suo esercito tutti li beni di quei della città conceduto,& li stati, & gouerni del regno;la mattina per tempissimo diede l'assalto con furioso impeto alla città,nella parte,che a Tramontana è volta, doue riducendosi quella gran pianura in vna gola stretta,forma vn seno, più oltre rotondo,& naturale circondato da monti,& fa vna quasi porta larga vn tiro d' archibugio al sito della città,che è vn piano girante due miglia,in cui giace,come è detto, la città,& la chiesa,& li casamenti de' Signori,& corte del Re.Iui con li pochi che haueua si pose Don Alfonso contra li pagani, & il nemico fratello, ilquale auanti che s'affrontasse col Re fu sconfitto,& disperso,& cacciato in fuga,onde veggendo egli d'essere stato vinto, & posto in rotta rimanea stupefatto,non sapendo egli come ciò fusse accaduto,parédogli che nó già pugnãdo co'nemici,ma per altra maniera a lui oculta. Tutta via il giorno seguéte ritornò all'assalto per lo sito medesimo,& nella medesima guisa fu sconfitto,& volto in fuga,conoscendo chiaramente,che la sua perdita nó era cagionata dal valore de'nemici,ma per miracolo. Per la qual cosa quei della città beffando gl'idolatri,& sgridandoli, & prendendo animo dalle vittorie passate,non li stimauano più,anzi voleuano correrli adosso,a quali respondeuano li contrarij che non erano essi quelli che haueuano vinto,ma vna donna candida,la quale con splendore ammirabile gl'accecaua & vn caualiere sopra vn palafreno bianco,che teneua vna croce rossa nel petto gli cóbattea,& adietro volgeua in fuga.Ilche intédédo il Re mãdò a dire al fratello,che di quelli due l'vno era la Verg.Madre di Dio,la fede della quale egli hauea riceuuta,& l'altro S.Giacomo,i quali da Dio erano mãdati in soccorso di lui,& che se egli si facesse Christiano,sarebbono essi parimente in suo fauore,ilche nó accettãdo il Pãgo si mise la notte in assetto p conquistare la città da due lati, il primo fu per lo stretto soprascritto con parte dell'esercito,& il secondo girando egli in persona con parte de' suoi, montare per lo sentiero del fiume,& in luogo non proueduto di guardie tentare la vittoria. Cosi primieramente cóbatterono quelli di sopra, & furono rotti, & egli sperãdo di spingere inãzi dall'altra parte, métre i nemici erano tutti ocupati in difédersi a quelle strette si trouò ingãnato, peroche furono dispersi li primi da quelli della città,li quali sétendo il rumor del Pãgo che ascédea dall'altra parte, accorsero al periglio, & lo ributtarono có le sue géti, & misero in scópiglio incalzãdolo,& infestãdolo có tãta furia d'arme diuerse lãciateli cótra che egli soprafatto dalla paura,& dal periglio andò a capitar nell'insidie,& reti da lui stesso tese a'Christiani di que'pali,& iui cóficcato,& presa da mala morte fini la sua vita quasi arabbiato,peroche le púte di que'tróchi erano auelenate di certo tossico,il qual toccãdo il sãgue,& penetrãdo pur vn poco nella carne vccide sëza rimedio. Có questa vittoria & morte del fratello rimase il Re sicuro, & libero sëza cótradittione, & sapédo che la géte di lui andaua dubbiosa, et vagabõda, & haueua timore d'apprésentarsi

tarsi al Re p l'errore cómesso: egli come buó Prencipe mádolle ad annúciare, che voleua perdonar i preteriti mácaméti, & riceuerla in gratia, & cosi ella venne tutta all'obediéza saluo il Capitano generale, che si chiamaua Manibunda, il quale temendo di cóparire al Re per la sua fellonia, alla fine ottenne perdono con certa penitenza d'andar' a seruire alla fabrica della Chiesa, & fu tanto humile poscia, & diuoto Christiano, che volendo il Re solleuarlo da quell'incarco, egli non volle infino a tanto, che si compiesse di edificare tutto quel tempio.

Paceficato il regno, & stabilite le cose, il Re D. Alfonso predetto ordinò, che si fornisse la Chiesa principale nomata santa Croce, la quale cosi chiamossi, come è rammemorato dalla Croce piantata, & percioche la festa di santa Croce fu gittato il primiero sasso ne' fondamenti di lei. Commandossi oltre à ciò, che gli huomini portassero le pietre, & se femine il sabione, che s'andaua à pigliare al fiume; & cosi il primo portatore volse essere il Re, che sopra le spalle proprie versò ne' fondaméti la cesta delle pietre, & la Regina quella del Sabione per dare essempio alli Signori, & alle Signore della Corte à far il medesimo, & confortare il populo à quella santa operatione. Onde aiutandosi la fabrica da cosi fatti maestri, & operatori, in breue tempo si forni del tutto, & vi si celebrarono le Messe, & li diuini offitij con solenità grande, facendosi Christiani, & battezzandosi li Signori, & gl'altri, abondādo tanto il numero di coloro, i quali concorreuano al santo battesimo, che gia non erano sufficienti li sacerdoti à tanto seruitio.

Dopò questo espedi l'Ambasciatore al Re di Portogallo, che infin' a quel tempo era dimorato alla Corte, per cagione di quei turbamenti; & insieme con lui mandò vn'altro Ambasciatore suo che nomauasi D. Rodrigo con alcuni parenti di esso Re, & dell'istesso Ambasciatore, a fine che prendessero la dottrina de' Christiani in Portogallo, & l'idioma, & à dar conto al Re de' passati auenimenti. Oltre a ciò se raunare li Signori di tutte le prouincie nel luogo ordinato, & gli significò publicamente, che qualsique huomo tenesse Idoli, ò qual si voglia altra cosa contraria alla Christiana religione, che la portasse, & consegnasse alli deputati, altramente coloro, i quali non lo facessero sarebbono arsi fuor di perdonanza. Il che incontinente mādosi ad essecutione, & è amirabile che in manco di vn mese furono portati alla Corte tutti gl'Idoli, & le stregherie, & li caratteri, che essi adorauano, & teneuano per Dei.

Et per certo si viddero inumerabili cose tali, percioche ogn'vno riueriua quel, che più l'aggradaua senza regola, ò misura, ò ragione di sorte veruna, che si trouò grandissima quantità de Demonij di strane foggie, & ispauenteuoli. Molti haueuano in deuotione Draghi con le ali che nutriuano nelle case loro priuate, dandogli mangiare le più pregiate viuande, altri serpenti d'horribil figura, alcuni adorauano li Caproni più grandi, questi li Tigri, & altri animali più mostruosi, & quanto erano più strani & difformi, più gli

honora-

honorauano,certi teneano per venerabili gl'immondi augelli, & notturni come Pipistrelli, Ciuette, Guffi, & somiglianti. In somma si eleggeuano per Dei varie biscie, & serpenti, & bestie, & augelli, & herbe, & alberi, diuersi caratteri di legno, & di pietra, & figure impresse delle cose predette, sì di pittura, come scolpite in legno, & in sasso, & in altro. Et non solamente gl'animali viui adorauano, ma le pelle stesse riempite di paglia.

L'atto dell'adoratione adoprauasi in varij modi, tutto indirizzato all'humiltà; come sarebbe inginocchiarsi, & coricarsi in terra bocconi, imbrattarsi la faccia di poluere, facendo oratione à gl'Idoli in parole, & in atti, oblatione delle migliori sostanze che possedessero. Haueano oltre à ciò li suoi stregoni, li quali dauano ad intendere a quelle sciocche genti, che gl'Idoli fauellauano, inganandoli, & se alcuno racomandauasi loro nelle infirmità, & sanauano, diceuano li stregoni gl'Idoli hauere ciò adoperato, & se non essere adirati. Questo è in parte quello, che intorno alla religione si costumaua infra li Muciconghi, auanti che receuessero l'acqua del santo Battesimo, & la conoscenza di Dio viuente.

Hor hauendo il Re in diuerse case della Città raunato tutte queste abomineuoli imagini; comandò, che nel sito medesimo doue poco prima hauea combattuto, & vinto le genti del fratello, ogn'vno portasse vna soma di legna, a tanto che crebbe in massa grande, & in quella fe gittare gl'Idoli, & le figure, & qualunque altra cosa da quei popoli per l'adietro tenuta per diuina, & darli il fuoco, sì che arsero. Dapoi congregò tutti quei popoli, & in vece degl'Idoli, che prima haueuano in riuerenza, gli donò Croci, & Imagini di Santi, recategli da Portoghesi, imponendo à ciascun Signore, che fabricasse nella Città del suo regimento vna Chiesa, & dirizzare Croci, sì come egli haueua loro mostrato l'essempio.

Appresso annuntiò loro, & al populo, che hauea spedito Ambasciatore in Portogallo à torre sacerdoti per insegnare la religione, & ministrare li Santissimi Sacramenti, & salutiferi ad ogn'vno, & portare imagini diuerse di Dio, della Vergine madre, & de santi suoi per douerglino compartire, & che in tanto stessero di buon animo, & nella fede constanti: ma essi l'haueuano stampata nel core sì fattamente, che già più non si ricordauano della prima credenza, & de gl'Idoli falsi, & bugiardi; ordinò etiandio, che si edificassero tre Chiese, l'vna in reuerenza del Saluatore, rendendogli gratie della vittoria concessagli, nella quale sotterrasi li Re di Congo, da cui prese il nome la Città Reale, che, come è detto, vien chiamata S. Saluatore; la seconda Chiesa intitolossi alla Vergine madre di Dio, detta la Madonna dell'aiuto, in memoria del soccorso, c'hebbe contra nemici: & la terza à S. Giacomo in honore, & ricordatioue del miracolo di quel santo, che combattè in fauore de' Christiani comparendo all'atto dell'arme à cauallo. Arriuarono fra tanto le naui di Portogallo con molti maestri in sacra scrittura, & religiosi frati di san Francesco, & di S. Domenico, & di S. Agostino, & preti, i quali con
gran

gran carità, & feruore seminarono la fede Cattolica, & col medesimo fu riceuuta da tutti i populi di quel regno, con tanta riuerenza sublimando li sacerdoti, che gl'adorauano per santi inginocchiandosi, & baciando loro le mani, & prendendo la benedittione ogni volta, che gl'incontrauano per lo camino. Questi sacerdoti arriuati nelle prouincie, amaestrauano quelle genti nella fe Christiana, & prendendo di quei del paese con esso loro, gl'insegnauano la vera dottrina celestiale, onde potessero à gl'altri della sua natione raportarla nella propria lingua, talche in processo di tempo si radicò la fe cattolica in modo per quelle contrade, che infino ad hora perseuera, quantunque habbia patito non poco detrimento, come à suo luogo diremo.

Morte del Re D. Alfonso, & successione di D. Pietro, & come prima s'habitò l'Isola di S. Thomaso, & del Vescouo mandatoui, & altri grandi accidenti per cagion della religione, & della morte di due per congiura de' Portoghesi, & de signori di Congo, & come si spinse il lenguaggio reale, & la cacciata de' Portoghesi. Cap. IV.

Mentre si faceuano queste imprese in seruitio de Dio, & che la Christianità anco era incominciante, & s'auanzaua con sì felici aumenti, piacque à Dio di chiamare à se il Re D. Alfonso, il quale nella sua morte diede segni, che esaltarono la sua passata vita, morendo con fede grande, & mostrando quella essere la sua hora, ragionando della Christiana religione con tanta carità, & fede, che ben appareua l'intimo del suo cuore impresso della croce, & della vera credenza del Saluatore nostro Giesu Christo. Racomandò à D. Pietro suo figliuolo, & successore principalmente la dottrina Christiana, la qual'egli, seguendo l'essempio del padre, andò mantenendo, & riparando. Nel tempo del quale incominciò à nauigare più numero de vaselli in quelle regioni, & si habitò l'Isola di S. Tomaso da Portoghesi per comandamento del Rè, la qual'era deserta infra terra, & solamente alle riuiere habitata da alcuni pochi nauiganti dalle contrade vicine. Et essendo quell'Isola in processo di tempo ben populata da Portoghesi, & da altre nationi, che con licenza del Re vi andarono, & di gran trafico, & seminata, & colta, come è detto, il Re vi mandò vn Vescouo, il quale hauesse à gouernare li Christiani di lei, & di Congo, come egli adempì arriuato che fù a quell'Isola, & poscia in Cõgo a prendere la possessione della sua cura. Hor giunto che egli fu nel regno di Congo, è cosa incredibile con quanta letitia fosse dal Re, & da tutti li populi riceuuto; peroche dal mare infino alla Città con spatio di 150. miglia gli fece spianare, & acconciare
le stra=

le ſtrade; & di più coprirle tutte di ſtuore, commandando partitamente a popoli, che per certo determinato interuallo doueſſero prepararle, a tanto che non poneſſero il pie nel ſuolo, che non foſſe adornato. Ma vi è maggior amiratione era il vedere la terra tutta iui d'intorno coperta, & gl'alberi, & li ſiti più eleuati d'huomini, & femine concorrenti a vedere il Veſcouo come huomo ſanto, è mandato da Dio, offerendogli, chi agnelli, chi capretti, queſti polli, & quegli perdice, & animali da caccia, & peſci, & altri alimenti in tanta copia, che non ſapeua, che farne, & rimaneuano a dietro. In che ſi conobbe il gran zelo, & l'obedienza di quei nouelli Chriſtiani. Sopra tutto è da notare per auenimento memorabile, che in andando il Veſcouo per la via ſi gli faceuano incontra innumerabili huomini, & femine, & fanciulle, & fanciulli, & vecchi di 80. anni, & più, i quali attrauerſauan gli la ſtrada, chiedendogli con ſingulari ſegni di verace credenza l'acqua del ſanto batteſimo; ne voleuano laſciarlo paſſare, ſe prima non gliene daua, talche molto più ſi trattenne in viaggio per contentarli, portando già per queſto effetto l'acqua in certi vaſi, & il ſale, & altri prouedimenti. Coſi laſciando di raccontare tutte le accoglienze, che in ciaſcheduna parte da popoli erano à lui fatte, & la viuace letitia, la quale generalmente, & in particolarità ſi moſtraua per l'andata del Veſcouo, diciamo, che egli alla fine giunſe nella Città di S. Saluatore incontrato da li ſacerdoti, & dal Re, & da tutta la Corte, & in proceſſione entrò alla Chieſa, & dopo le debite gratie à Dio fu condotto all'albergo aſſegnatoli dal Re: ſubitamente egli cominciò à regolare, & riformare la Chieſa con buon' ordine, & li frati, & preti, che iui dimorauano, dichiarando la Chieſa cathedrale ſanta Croce la quale haueua in quel tempo d'intorno à 28. Canonici, & li ſuoi capellani col maſtro di capella, & Cantori con l'organo, & le campane, & ogni prouedimento per eſſercitare gl'offitij diuini. Ma queſto Veſcouo coltiuādo la vigna del Signore, & hora in Congo, & hora in S. Tomaſo, andando, & venendo con la nauigatione de 20. giorni, & ſempre laſciando ſuoi Vicarij, alla fine morì, ſotterandoſi nell'Iſola di S. Tomaſo

Al predetto Veſcouo ſucceſſe vn altro Veſcouo in Congo, negro, & diſcendente dalla caſa reale, che fu mandato dal Re D. Alfonſo, prima in Portogallo, & poi à Roma, doue appreſe il latino, & la dottrina Chriſtiana, & ritornato in Congo, & vſcito di Naue per andare al ſuo Veſcouato di S. Saluatore, morì per lo camino. Onde eſſendo già alcuni anni, che quel regno ſtaua ſenza paſtore, & morendo anco il Re ſudetto ſenza figliuoli, ſucceſſe il fratello ſuo nomato D. Frāceſco, che anco durò poco, & fu creato il quinto Re appellato D. Diego più proſſimo alla ſchiatta reale, d'animo alto, & magnifico, & ingegnoſo, di buona mente, ſaggio di conſiglio, & ſopratutto mantenitore della Chriſtiana fede, & gran guerriero: talche in pochi anni conquiſtò alcuni paeſi vicini. Amaua molto li Portogheſi, veſtendo al modo loro, & l'vſanza di veſtire natia abandonando, & era pompoſo tanto ne
gl'ha-

gl'habiti, quanto negli adornamenti del suo palazzo, & liberale, & cortese; donando largamente alli suoi, & alli Portoghesi. Comperaua con prezzo grande gl'arnesi, che gli piaceuano, affermando, le cose rare, non douersi tener da altri che dalli Re, & vestiua due ò tre volte solamente vn habito, & poi lo donaua à suoi. La onde vedendo i Portoghesi, che pregiaua li drappi d'oro, & gli arazzi, & cotali pretiose masseritie, glie ne portauano di Portogallo, & all'hora in quel regno si cominciò a pregiare gli arazzi, & li panni d'oro, & di seta, & cotali ornamenti signorili.

Al tempo di questo Re fù il terzo Vescouo di S. Tomaso, & di Congo di natione Portoghese; il quale fu riceuuto con le cirimonie vsate per lo camino, & alla Corte in S. Saluatore. Hor il demonio nemico della fe Christiana pesandogli molto i felici essaltamenti della cattolica religione, incominciò à seminare zizania tra li frati, & li preti, & il Vescouo nata dalla lunga libertà, inche tanti anni erano viuuti senza pastore, riputandosi ciascun di loro non solo tanto come Vescouo, ma anco d'auantaggio, non volendo al suo prelato vbbidire, dimodo che forse infra loro dissensione grande: onde scandalo graue, & di reo essempio cagionossi. Ma il Re come fedele, & cattolico sostenne sempre la parte del Vescouo, & per tagliare cotali turbamenti mandò alcuni di questi sacerdoti prigionieri in Portogallo, & altri a S. Tomaso, & alcuni da se stessi anco se n'andarono con le sue facoltà. Per la qualcosa in luogo di crescere diminuiua la dottrina delli ministri per colpa loro, ne in questo finì l'auersario, peroche etiandio nelli Regi pose discordia, & ne i suditi suoi, dopò la morte di questo Re, solleuandosi alla successione in vn tempo medesimo tre Prencipi. Il primo era figliuolo suo da pochi fauorito volendo eglino altri: si che fu incontinente amazzato. Rimaneuano li due altri del sangue reale, l'vno de'quali fu creato Re da suoi seguaci co'l fauore della maggior parte del populo contra il talento de'Portoghesi, & d'alcuni Signori, i quali mirauano ad inalzare quell'altro, di maniera che i sudetti Signori insieme co'Portoghesi andarono in Chiesa ad vccidere il Re gia eletto, facendo ragione, che se essi lo amazzauano, l'altro di necessità sarebbe Re; & nell'istesso tempo quei della contraria parte vccisero il gia fatto da'Portoghesi, dandosi ad intendere, che morto lui nò harebbe difficoltà il loro ad ottener lo stato per nò vi essere altri, à cui per leggi lo scettro reale conueniste: talche in vn'istessa hora in diuersi luoghi ambidue furono scannati. In queste congiure, & vccisioni vegendo i populi, che già non vi erano più soggetti legittimi per la corona reale, colpando i Portoghesi di tutti questi danni, si voltarono contra loro, & amazzarono quelli, che iui si trouarono, non toccando li sacerdoti, ne co loro che in altri luoghi habitauano.

Non vi essendo dunque altre persone del sangue reale in cui si potesse collocare il gouerno, fù eletto vn fratello di D. Diego Re gia morto nomato D. Henrico, il quale andando à certa guerra cótra gl'Anzichi, lasciò per

Gouernatore con titolo di Re D. Aluaro giouane di 25. anni, che era figlio di sua moglie d'vn'altro marito: ilquale D. Hentrico morì poco appresso alla guerra; però di commun consentimento di tutti fu eletto Re di Congo, & da tutti vbidito D. Aluaro predetto, mancata la schiatta in Henrico degl'antichissimi Re di Congo.

Ma D. Aluaro era di buon giuditio, & reggiméto, & mãsueto, onde subitaméte acquetò li tumulti del regno, & fe raunar tutti li Portoghesi che dalle guerre passate s'erano sparsi nelle prouincie vicine sì religiosi come laici p via de' quali cõfirmòssi vie più nella Catolica fede, scolpãdosi, & mostrãdo cõ ragione essi nõ essere stati la cagion delli passati trauagli il che fu manifesto a tutti: & così deliberossi di scriuere ampissime informationi d'intorno a questi accidenti al Re di Portogallo, & al Vescouo di S. Tomaso, spedendo certe persone con queste lettere. Vdite cotali nouelle dal Vescouo di S. Tomaso, non si essendo per l'adietro arrischiato d'andare al regno, negl'ardori delli turbamenti, nauigò di presente a Congo, & s'adoprò con l'auttorità sua in pacificare le dissensioni, & in dar ordine agli affari pertinenti al culto diuino, & all'offitio delli sacerdoti, & poco appresso ritornò alla sua stanza di S. Tomaso, oue da malatia finì li suoi giorni, & fu la terza volta, che quelle parti rimanessero senza Vescouo.

Auenne per lo mãcaméto de' Vescoui, che alquanto si raffreddasse nel Rè & ne' Signori, & popoli la Christiana religione allargãdosi tutti nella licenza della carne & massimamente il Re indotto da altri giouini della sua età che con esso lui intimamente conuersauano, & in particolare da vn signore parente suo nomato Don Francesco Bullamatare, cioè a dire, prẽdi pietra, ilquale trasandando liberamente, per esser signore grande, & già allõta natosi in ciò dagli ammaestramenti Christiani si lasciaua intendere in publico, vana cosa essere il tenere vna moglie sola, & in questo esser meglio il ritornare alla primiera vsanza, aprendo il Demonio la porta, mediante costui, al destruggimento del tempio della Christianità in quel reame, che infino all'hora con tante fatiche era stato stabilito. Questi tanto si trauiò fuori del camino della verità, che di peccato in peccato abbandonò quasi del tutto la verace fede.

In tanto morì D. Francesco sudetto, & fu sotterrato come nobil signore nella chiesa di Santa Croce, quantun que chiaramente sospetto, & maculato di falsa religione, & auenne (caso marauiglioso, per confermare nella santa credenza i buoni, & spauentare i rei) che la notte li spiriti maligni scopersero parte del tetto dello Chiesa di Santa Croce, doue egli era sepolto, & con grande strepito, sentito da tutta la città, lo trassero fuori della tõba, & se lo portaronovia, onde la mattina si ritrouarono le porte chiuse, & il tetto rotto, & il sepolcro senza il corpo di quell'huomo.

Con questo segnale primieramente fu auuertito il Re del fallo graue commesso, & gl'altri ancora che lo seguiuano; ma tuttauia non essendo

Vescouo

Vescouo in quel regno, & egli non maritato, & giouane, quantunque fosse nella fede sicuro, perseuerauá nella libertà della carne intanto che Dio con altre seuere discipline lo castigasse.

Discorrimenti delli populi Giachas nel Reame di Congo, & sue conditioni, & arme, & della presura della Città Reale.
Cap. V.

IMperoche soprauennero a depredare il Regno di Congo alcune nationi che viuono al modo degl'Arabi, & degli antichi Nomadi chiamati Giacas, & habitano d'intorn'al primo lago del fiume Nilo, nella prouincia dell'Imperio del Monemugi, gente crudele, & micidiale di statura grande, & di sembiante horribile, nutrendosi di carne humana, feroce nel combattere, & d'animo valoroso: le arme sue sono paluesi, dardi, & pugnali, & nel rimanente va ignuda, & è saluatica ne' costumi, & nel viuere di ciascun giorno. Non hanno Re questi popoli, & menano la vita loro in capanne alla foresta à guisa de' Pastori: scorsero distruggendo, & mettendo a ferro, & à fuoco, & rubbando tutti li paesi per li quali passauano infino al giungere nel reame di Congo doue entrarono per la contrada di Batta, & ruppero quei primi, che loro fecero resistenza, & poi si dirizzarono verso la Città di Congo, in cui staua il Re perduto d'animo per la vittoria da' nemici ottenuta nel paese di Batta. Il qual Re andò incontra gli aduersarij con quelli che haueua delle sue genti, & in quel piano stesso, doue combatte gl' anni preteriti il Pango col Re Don Alfonso, attaccossi il fatto dell'armi: nel quale il Re mezo rotto in quello incontro si ritirò nella città, doue non si tenendo sicuro, abbandonato dalla gratia de Dio per li suoi peccati, ne hauendo quella fidanza in lui, che il Re Don Alfonso tenea, elesse di lasciarla in preda a gli aduersarij, & andarsi a ricouerare in certa Isola del fiume Zaire, chiamata del Cauallo, insieme con li sacerdoti Portoghesi, & gli altri principali signori del regno. Cosi rimanendo li Giachi padroni della Città reale, & di tutto il reame, li paesani fuggirono, & saluaronsi ne' monti, & deserti luoghi, & essi abbrugiarono la città, & le Chiese, & il tutto guastarono, non perdonando la vita a niuno; di maniera, che hor in questa regione, & hor in quella signoreggiarono tutt'il regno partiti in diuersi eserciti. In questa pse cutione rimasero castigati generalmẽte tutti gl'habitáti del regno di Cõgo il Re, li signori, il popolo, li Portoghesi, & li religiosi loro ciascuno per se

nel suo

nel grado suo. Conciosia cosa, ch'andando vagabondi li populi per quelle contrade morissero dalla fame, & dal disagio di tutte le cose, & il Re con li suoi, che si saluarono nell'Isola predetta, essendo ella picciola, & le genti molte, fu oppresso da scarsità sì terribile d'alimenti, che la più parte morì di fame, & di pestilenza, & ascese la valuta di poco cibo al prezzo d'vn schiauo, che almeno comprauasi per 10. scudi.

Onde costretti dalla necesità il padre vendeua il figlio, & il fratello il fratello, à tanto che ciascheduno si procacciaua il viuere con ogni maniera di sceleranza. Le persone, che si vendeuano per la fame da diuersi, erano comperati da mercatanti Portoghesi, che da S. Tomaso veniuano con naui lij carichi di vittuaglie, dicendo li venditori, che erano schiaui, & li venduti lo confirmauano a fine d'vscire dal tormento della brama, & in questa maniera si trouarono in S. Tomaso, & in Portogallo quantità non poca de schiaui per cotal necesità venduti, natij di Congo, de quali erano alcuni di sangue reale, & di Signori principali. Quinci conobbe assai chiaro il Re, che per li misfatti suoi gli abondarono tante auersità, & se non fu punito dalla fame come Re, tuttauia non fuggì la crudele infirmità dell'Hidropisia gonfiandosili fortemente le gambe, cagionata dall'aere, & dalle pessime viuande, & dalla humidità di quell Isola, la qual infirmità compagno lo infino alla morte.

Da queste sciagure trafitto il Re conuertissi à Dio, domandando perdono de' suoi falli, & facendo penitenza de' peccati, & consigliato da Portoghesi, mandò a chiedere soccorso al Re di Portogallo con Ambasciatori, in raccontando tutti li passati infortunij, cosa che auenne al tempo che incominciò a regnare il Re D. Sebastiano, il quale con prestezza, & amore lo soccorse, mandãdo vn Capitano chiamato Francesco di Gouea, essercitato nel l'India, & nell'Africa in diuerse guerre con 600. soldati, & molti gentilhuomini auenturieri, che con lui s'accompagnarono.

Manda il Re di Portogallo sussidio, & Ambasciatore al Re di Congo, & si dinega à quel Rè la conoscenza delle caue delli metalli abondanti in Congo, & nel medesimo tempo il Rè di Cõgo spedisce Ambasciatori in Spagna à dimandare sacerdoti, & ciò che loro auenne, & come mandò diuerse mostre di metalli, et del voto di Odoardo Lopez. Cap. VI.

Portaua seco comandamento, che l'Isola di S. Tomaso gli prouedesse di nauilij, di vittuaglie, & di tutto quello che facesse a quell'impresa mestieri.

stieri. Arriuò alla fine con questi prouedimenti all'Isola del Cauallo, doue anco staua il Re, col quale d'indi partendo li Portoghesi, poste insieme tutte le genti da guerra del paese quanto prima fu loro possibile, spinsero inanzi contra gli auersarij, co'quali combattendo diuerse volte in campagna, nel termine d'vn'anno, & mezo ripose il Re in stato, vincendo più cō lo strepito, & con la forza de gl'archibugi, temendo sopramodo li Giachi quell'ordigno, che col resto delle genti.

Cosi loro mal grado furono cacciati fuori del reame di Congo, & ben pochi ritornarono a riuedere li suoi, & il Portoghese Capitano dopò quattr'anni, che iui dimorò a rimettere il Re nel reame, sene ritornò in Portogallo, portando lettere di quel Re, che lo pregauano a mandare sacerdoti per mantenere la religione. Rimasero assai Portoghesi, che con lui nauigarono in quelle contrade, doue sono hoggidi anco ricchi, & bene stanti di facoltà.

Riposto il Re nel pristino grado, & stabilito il regno riusci bonissimo Christiano, & maritossi in donna Catherina, che hoggidi anco viue, della quale hebbe quattro figlie, & delle serue, che teneua due figli, & vna figlia: & percioche in quelle parti non succedono le femine, rimase del stato herede il figlio maggiore, nomato pur D. Aluaro, che hoggidi viue.

Nel tempo, che il sudetto Capitano dimoraua in Congo, intendendo il Re D. Sebastiano, che in quel regno si trouauano caue d'argento, e d'oro, & d'altri metalli, mandò due mastri di cotal'arte, che haueuano seruito a Castigliani in Ponente per riconoscerle, & cauarne profitto: ma il Re di Congo da vn Portoghese chiamato Francesco Barbuto confessore, & intimo suo fu persuaso a non permettere, che si scoprissero quelle caue, mostrandoli, che con ciò per auentura a poco a poco gli sarebbe tolta anco la libera possessione del regno, & con questo proposito fe guidare quei mastri per altre vie, nelle quali sapea non trouarsi caue di metalli. Per certo non hauendo permesso quel Re, che in Congo si essercitasse l'arte del trarre & fondere metalli, tanto pregiati in Europa, vennero anco a cessare li grandi trafichi, & i mercatanti di Portogallo nō si metteano gran fatto a nauigare in quelle contrade, & habitarle, & per conseguente pochi religiosi vi andarono. Per queste cagioni dunque, & per le altre, che di sopra habbiamo raccontato, raffreddosi molto la dottrina Christiana in Congo a tanto che per poco si ridusse al niente. Ma il Re D. Aluaro, si come è detto, dopò tante afflittioni dateli da Domenedio in castigo de misfatti da lui commessi nella religione, conobbe il suo errore, & diuenne buon Christiano, carezzādo li Portoghesi, che chiamaua figliuoli, & facendo loro ogni piacere, & sopra tutto non rifinaua giamai di mandare nuoui Ambasciatori in Portogallo a chiedere sacerdoti, & maestri in sacra scrittura, per mantenere la fe Cattolica, che gia era quasi del tutto in quel reame dimenticata per mācamento solo de'religiosi, che la insegnassero à populi, & li Sacramenti ministrassero, nō p colpa dell'animo loro, peroche a marauiglia sono inclinati alla santa fede.

Giunto

Giunto il Capitano sudetto in Portogallo, & presentate le richieste del Re di Congo, non hebbe risposta d'altro, che di parole, promettendo quel Re, che anco era giouane d'hauer cura a quanto gli domandaua, senza tuttauia prouedere di Sacerdoti, & Theologi al regno di Congo. Per la qual cosa mandò di nuouo il Re di Congo vn'Ambasciatore principale, & parente suo, chiamato D. Sebastiano Aluarez insieme con vn Portoghese à chiedere Sacerdoti, & più à riscattare li schiaui natij di quella terra, i quali si trouauano in S. Tomaso, & in Portogallo, che per necessità habbiamo detto essere stati venduti. Alcuni di loro rimasero in volontaria seruitù, & molti ricuperò, & ridusse alla patria, mediante l'opera de' quali, & massimamente de' nobili, & Signori, che pure di quella conditione erano alquanti, si seruì il Re di Congo in restaurare la religione Christiana, che si smariua, & di loro si valse anco per consiglieri, & ministri del reame, come prattichi del mondo in quella cattiuità lunga. Al quale Ambasciatore fe risposta il Re gratiosamente, che lo sodisfarebbe, & pur senza religiosi ritornò in Cógo. Tre anni appresso spedì il Re D. Sebastiano vn Vescouo nomato D. Antonio di Gliouà Castigliano, principalmente per S. Tomaso, dandogli etiandio commissione, che visitasse il regno di Congo, il quale arriuato à S. Tomaso hebbe disparere col Capitano di quell'Isola, & poi nauigò in Congo; doue per essere egli perseguitato dal Capitano sudetto, & da gli amici suoi di Congo, fu fatto intendere al Re, che egli era huomo ambitioso, & d'alti pensieri, & ostinato, & perciò posto in mala fede appò lui, & la sua Corte. Per la qual cosa egli indotto da queste accuse al principio gli prohibì l'entrare nel suo reame: tuttauia dapoi con molto honore l'accettò, mandandolo ad incontrare da vn suo figlio, che lo accompagnò alla Città. Iui dimorò forse 8. mesi, & poi si partì, auanti che il Re di Portogallo passasse in Africa, lasciando due frati, & quattro preti. Andatosene quel Vescouo, & essendosi perduto il Re in Africa, & sublimato nel reame di Portogallo il Cardinale D. Henrico, scrisse il Re di Congo à lui con grande instanza, che pur l'inuiasse religiosi, & predicatori: ma nulla ottenne per esser' in quello stato poco tempo viuuto il Cardinale.

A D. Henrico succeße D. Filippo Re di Castiglia, il quale mandò ad annuntiare al Capitano di S. Tomaso, che egli era peruenuto alla corona di Portogallo dandogli anco lettere per lo Re di Congo, che l'istesso gli significauano; onde subitamente quel Capitano spedì Sebastiano di Costa, che à quel Re portasse la nuoua, & le lettere reali con titolo d'Ambasciatore. Presentate le lettere, & finiti li negotij, che occorreano, il Re di Cógo lo rinuiò alla Corte à trouare il Re D. Filippo con la risposta delle lettere proferendosi di scoprir' le caue del metallo, celate da gl'altri Re suoi antecessori, & mandandogli varie mostre di loro. Soggiongendo principalmente cò ogni maniera di prieghi, che gli mandasse quanto prima sacerdoti assai, dechiarandogli la conditione miserabile, in cui erano caduti li populi suoi per li
turba-

DEL REGNO DI CONGO LIB. II.

turbamenti paſſati d'intorno alla Chriſtiana religione. Morì per lo camino il Coſta, eſſendoſi rotto il vaſello in cui nauigaua alla piaggia di Portogallo, & ſi inteſe la rea nouella (affogatoſi tutti gl'huomini) per alcune lettere in vna caſſa ritrouate, dall'onde del mare, ne i liti gittata, & la ſomma delle commiſsioni che portaua. Dalla qual nuoua il Re di Congo perſeuerando ſempre nel pietoſo propoſito di non laſciar perdere il Chriſtianeſimo nel ſuo regno, deliberò d'inuiare nuouo Ambaſciatore in Spagna, & dopò varie difficoltà, concorrendo alcuni Signori della Corte à quell'honore, il Re a fine di non ſpiacere ad alcuno, eleſſe Odoardo Lopez Portogheſe, dal quale ritraſſe la preſente relatione il Pigafetta, & dettolla.

Queſti hauendo già habitato alcun tempo in quei regni, & molto prattico delle coſe, & all'hora trouandoſi alla Corte, fu ſpedito con fauore; & beneuolenza del Re, dandogli ampie informationi in ſcritto di quanto haueua a trattare con ſua Maeſtà Cattolica in Spagna, & à Roma con Sua Beatitudine, & lettere caldiſsime di credenza, & auttorità, & commodo ad ambidue, & ſaluicondotti, & eſſentioni per li ſtati ſuoi, & fuori con efficaci raccomandationi, & ogni priuilegio, & dimoſtratione dell'hauer caſa la di lui perſona à gl'altri Principi Chriſtiani, come ad Ambaſciatore conuiene.

Era la ſomma dell'Ambaſciaria, che porgeſſe le lettere al Re D. Filippo, & narrandoli diffuſamente lo ſtato, inche ſi ritrouaua il regno ſuo di Congo nella religione per le preterite guerre, & per lo mancamento de' Sacerdoti, chiedeſſe à ſua Maeſtà confeſſori, & predicatori a ſufficienza, per mantener il Vangelo in quelle remotiſsime regioni di nuouo al Chriſtianeſimo conuertite, oltre a ciò le preſentaſſe diuerſe moſtre di metalli, & altre materie, & le profeliſſe in nome ſuo il libero trafico di loro, dagli anteceſſori ſuoi dinegato. Al Papa ſomigliantemente baciaſſe i piedi da parte ſua, gli conſegnaſſe le lettere, & raccontaſſe il miſerabile trauaglio, & detrimento, che haueua ſofferto quel ſuo populo nel fatto della Chriſtiana fede, & raccomandaſſe à Sua Santità quell'anime, pregandola, che come Padre vniuerſale di tutti li Chriſtiani, haueſſe compaſsione a tanti fideli, i quali per non hauere Sacerdoti, che loro dichiaraſſero la ſanta Fede, & li ſalutiferi Sacramenti della Chieſa aminiſtraſſero, a poco a poco s'andauano perdendo. Coſì diſpacciato, egli partì della Corte, & s'andò per varij ſeruigij del Re trattenendo in quelle contrade forſe otto meſi, fin tanto, che di Genaio, all'hor che è l'eſtate in Congo s'imbarcò ſopra vn legnetto di 100. botti di portata, indirizzato col ſuo carico a Liſbona.

Hor nauigando peruenne al pelago dell'Iſole di CapoVerde, doue quel vaſello, gia vecchio, incominciò a far molt'acqua per vna feſſura alla proda ſcoperta. Onde ſoffiando il vento gagliardo d'auanti, ne potendo afferrare

l'Iſole

l'Isole predette ne la terra ferma dell'Africa, ne meno volendo seguir'il viaggio a meza naue orzando, & isforzare il nauilio già sdruscito, trouò migliore il piloto di voltare il camino, & prendendo il vento in poppa andarsi a saluare all'Isole della noua Spagna. A tanto che dopo terribili fortune & perigli estremi d'annegarsi, & de perire dalla fame col disagio d'ogni cibo, arriuarono a gran pena all'Isoletta, che nomasi Cubagoa, situata contra l'Isola Margherita, doue le perle si pescano. Dindi racconciato in fretta quel nauilio, & tolto alcun rinfrescamento si ridussero con breue strada alla terra ferma nel porto Cumana chiamato, ouero con altro nome il nouo regno di Granata nell'Indie Occidentali. Giunto questo combattuto vasello in sicuro luogo, andò subitamente al fondo, saluandosi le persone, le quali poscia infermarono alla morte per li stenti patiti di fame, di sete, & d'ogni necessità d'alimenti, & massime dalle tempestà horribili di quell'Oceano fortunoso.

Mentre dunque penaua il sudetto Ambasciatore à ricuperare la pristina sanità, lo stuolo delle naui, il quale da quelle riuiere hà per costume di sciogliere ogn'anno per Castiglia, che Flotta si dice, partì, onde fu costretto ad aspettare la noua armata, & iui consumar' vn'anno, & più senza far nulla. In questo mezo tempo non hauendo il Re di Congo inteso già mai nouella alcuna del suo Odoardo, tenendolo per morto, ne sapendo, che egli fosse scorso per tempestà nell'Indie del ponente, & sempre stando fermo nel proposito del porgere rimedio alla Christianità del suo regno, mandò vn'altro Ambasciatore con gli stessi mandati chiamato Don Pietro Antonio, che era la seconda persona del suo gouerno: & con esso lui Gasparo Diaz Portoghese principale, & più douitioso, & antico di quel regno, a fine che accompagnandolo, non gli lasciasse mancare nulla ne per niun caso restasse fuor d'effetto la richiesta che egli speraua d'ottenere dal Re di Spagna, portando comandamento, che se trouassero il Signore Odoardo sudetto, insieme con lui hauessero à trattare il negotio. Ma egli hebbe tristo fine, concio sia cosa che preso da gli Inglesi cō la naue, la quale rimorchiādo inuerso Inghilterra, vicino alla costa per fortuna diede attrauerso nella piaggia, & si somerse D. Pietro Antonio, & vn suo figliuolo ancora: saluandosi il Portoghese, con pochi altri, il quale arriuò in Spagna nel tempo che il detto Odoardo era giunto alla Corte, & incaminato il negotio della sua Ambasciaria. Hor questo Gasparo scrisse ad Odoardo che volea ritornare in Congo, senza andare alla Corte, per la morte forse del Re Cardinale, ò per altro, che non saprei dire, sì come egli fece.

Nel tempo che dimorò il nostro Odoardo nell'India occidentale posta sotto il Cielo, & clima stesso, & della temperanza medesima dell'aere di Cōgo, egli notò il colore nella pelle de gl'huomini differente mostrarsi; percioche in Congo sono generalmente neri, & iui quasi bianchi, cioè di colore mezano tra il candido, & il negro, mulato lo chiamano li Spagnuoli, per
dichia-

dichiarare ciò dal sole (come è ricordato) non cagionarsi, ma dalla natura con ragione infino ad hora per antico, ò per nouello non così à pieno intesa.

Ricuperata la sanità egli nauigò al porto della città di S. Domenico nell'Isola Spagnuola, à fine di montare sopra qualche naue nel primiero passaggio, che sciogliesse inuerso Castiglia, & per auuentura trouò vn vasello Portoghese, che nauigaua in quell'armata, la quale si doueua congiungere con lo stuolo delle naui, che di terra ferma in Castiglia varcano per andare più sicure in conserua.

Tutte queste naui dunque vnite con buon vento arriuarono alla Terzera, vna delle Isole nomate los Azorres, cioè, gli Astori, & d'indi à S. Lucar di Barameda, porto della foce del fiume Guadalchibir, & poi a Siuiglia, & di là si condusse in Portogallo à vedere li suoi & prouedersi delle cose necessarie, & infine caualcò alla Corte, che in Madrid all'hora si ritrouaua. Doue essendo benignamente accolto da sua Maestà Cattolica, & gl' affari delle sue commissioni proponendole, attrauersaronsi grandi accidenti, & difficoltà, che impedirono del tutto il corso delle facende, che haueua à compire in nome del Re di Congo. Imperoche sopragiunse la dolorosa nouella della morte del Re di Congo, che l'haueua mandato, oltre à ciò il Re D. Filippo si occupò nel conquisto d'Inghilterra, a tanto che malageuolmente seguiuano li negotij suoi, & s'andaua alla lunga, ne vedeua modo di spedire, anzi gli fu fatto sapere, che per all'hora non vi si poteua attendere.

Hor il predetto Odoardo afflitto da tante aduersità rinfrescandoseli nella memoria gli innumerabili passati perigli, la mortale infermità di quella nauigatione lunga, & horribile, & veggendosi hora abbattuto hora inalzato, & conoscendo, che in questo mondo non è altro riposo, che in Dio onnipotente; & più oppresso dal cordoglio, che egli continuo tolleraua dal non poter le necessità adempire, che li popoli di Congo sentiuano, conoscendo espresso quell'anime correr pericolo estremo d'andare nelle tenebre dell'inferno, le spese graui, che ciascun giorno bisognaua fare alla corte per sostener se stesso, & la sua famiglia, & in somma priuo di speranza di poter menàr ad effetto quel che dal Re di Congo li fu imposto, elesse vn partito tanto vtile, quanto salutifero all'anima sua. Conciosia cosa che toccandoli il cuore il buon'Angelo, con animo virile abandonò la spada, & prese la Croce, & rinegò il mondo, & le sue pompe ingannatrici: & in Madrid vestissi d'habito bigio, & grosso, & venne a Roma à fine d'esporre a Sisto Papa V. la commissione della sua ambascieria, ne postergare l'intentione di quel Re che l'haueua mandato, quantunque fosse a vita migliore asceso. Fu benignamente accolto da S. Beatitudine, a cui narrò lo stato miserabile, in cui trouansi li popoli Christiani del Reame di Congo, intorno al culto, & seruitio di Dio, & il poco numero delli sacerdoti, che vi sono per insegnar la dottrina

trina del Vägelo, & loro porgere li facramenti della Chiefa per rifpetto al-
l'innumerabile quantità di quelle geti, le quali tutto dì cócorrono ad effe-
re battezate, amaeftrate, cófeffate, & cómunicate. Oltre à ciò nel fuo voto
anco fi propofe nel animo d'edificare có quelle facolta, le quali Dio in Có
go gli haueua cóceduto (che non fono però minime) vna cafa, nella quale
al feruitio diuino fteffero maeftri, & facerdoti diuerfi per infegnare alla gio
uetù di quelle cótrade le buone lingue, & l'arti liberali, e la dottrina del Vā
gelo, & li mifterij della noftra faluatione. Dalla qual cafa, come da fanta
fcuola vfcédo di tépo in tépo huomini dotti, & bene apprefi nella diuinaleg
ge, col proprio idioma, & natio del paefe deftaffero, & rifeminaffero la fede
Chriftiana, già quafi adormentata, & fecca in quelle regioni: d'onde poi
fuccefsiuamente nafceffero frutti di benedittione, & anime vigilanti nella fe Chriftiana. A quefto aggiungeua etiandio l'hofpitale, che foffe ricor-
fo, & albergo de' poueri di Dio, i quali da' paefi ftranieri, & nauiganti in
quello hoftello ricetto haueffero medicati, & riftorati dalle necefsità loro.
Con propofito tale adunque peruenne à Roma, & per impetrare anco da
Sua Beatitudine licenza di formare quefto feminario, & hofpitale fupplicā
dola a concederli giubilei, indulgenze, & deuotioni, che à cotali opere
Chriftiane, & falutifere conuengono in paefi mafsimamente remotifsimi
dalla Chriftianità.

Prefentòfsi al Papa, & li confegnò le lettere di credenza; gli narrò a fuf-
ficienza le fue commifsioni, & fu gratiofamente vdito, ma poi fattogli
intendere, che effendo il regno di Congo appartenente al Re di Spagna,
à lui lo rimetteua.

Della Corte del Re di Congo, & degli habiti di quel le genti, auanti che fi faceffero Chriftia ni, & dapoi: della menfa Reale, & del modo della Corte.
Cap. VII.

INfino à qui affai manifeftamente habbiamo veduto il principio della Chriftiana religione di Congo, & fuccefsiuamente gli auuenimenti ftrani accadutigli, hora tempo è di produrre nel mezo anco li modi della Corte, & le altre conditioni appartenenti a quel reame. Anticamente quefto Re, & li fuoi cortegiani veftiuano di alcuni panni di palma, come hab-
biamo di fopra narrato, co' quali fi copriuano dalla cintura in giù ftrin-
gendofi con cintole fatte dell'iftefla materia, & di bei lauori pendendo loro dinanzi, quafi grembiale pelli dilicate, & vaghe, come di piccioli Tigri
de' gat-

DEL REGNO DI CONGO LIB. II.

de'gatti di zibetto, & di Zibellini, & di Martori, & di animali somiglianti per ornamento, lasciando loro anco la forma del capo in pompa maggiore sopra le spalle, & sopra la carne ignuda portauano rochetti ritódi, chiamati da loro Incutto, che giungeuano fin sotto il ginocchio, fatti a guisa di rete, di quei drappi di palma fini, d'intorno alle maglie de'quali pédeuano fiocchi sfilati con gratiosa vista. I quali rocchetti si riuoltauano sopra la spalla destra, per essere più liberi di quella mano, & sopra la detta spalla portauano vna coda di Zebra attaccata in vn manico per ligiadria, & vsanza antichissima di quelle parti. In testa haueuano berettini di giallo, & rosso colore, quadrati nel sommo, & piccoli, che copriuano la cima della testa, vsati più per pompa, che per difendersi dall'aere, ò dal sole: andauano scalzi la più parte, ma il Re, & alcuni de'grandi portauano calzari all'antica, come si veggono nelle Romane statue, fatti della stessa materia di palme. I poueri, & la commune gente si vestiuano dal trauerso in giù ben a quella guisa: ma de panni più vili, & il resto tutto ignudo. Le femine vsano tre maniere di trauerse dalla cintola in giù l'vna lunga infino al talone, la seconda più corta, & la terza più breue dell'altre con le sue frangie attorno, ciascheduna legata al trauerso, & fessa dinanzi: dalle poppe in giù vestono vn altro farsetto, che giunge loro alla cintura, & sono fatte de gli stessi drappi di palma queste robbe, & sopra le spalle vna cappa dell'istessa materia. Caminano con la faccia scoperta, & col suo berettino alla somiglianza di quelli de gli huomini. Le mezane anco vestono di questo modo, ma de panni più vili, & le schiaue, & infima plebe vestono solamente dalla cintura in giù, nel rimanente ignude.

Ma poiche quel regno ha riceuuto la Christiana fede, li grandi della Corte han cominciato à vestirsi all'vsanza de'Portoghesi portando mantelli, cappe, tabarri di scarlatto, & di drappi di seta ciascheduno secondo la sua possibilità, & in testa capelli, & berrette, & in pie pianelle di velluto & di cuoio, & stiualetti al modo Portoghese, con le sue spade larghe à canto, & i popolani, che non possono farsi gli habiti al modo de'Portoghesi, ritengono la pristina consuetudine. Le femine etiandio vanno alla Portoghese, fuorche non hanno il manto, ma ben nel capo veli, & sopra loro vna beretta di velluto nero, ornata di gioie, & al collo catene d'oro assai: ma le pouere al modo antico, peroche solamente le donne di corte alla guisa predetta s'adornano. Poscia che il Re si conuertì alla Christiana fede confermò etiandio la sua Corte in certo modo alla somigliáza del Re di Portogallo, & prima in quanto al seruitio della tauola, quando mangia in publico, s'erge vn solio di tre scaglioni, coperto di tapeti d'India, & sopra vi si colloca la mensa, con la sedia di velluto cremesi, con li chiodi d'oro, & sempre mangia solo nè gia mai alcuno siede con esso lui à tauola, stando li prencipi coperti. Hà li vaselli della credenza d'oro, & d'argento, & gli si fa la credenza nel mangiare, & nel bere. Tiene la guardia de gli Anzichi, & d'altre nationi, che stà d'intorno al suo palazzo ornata dell'arme sudette, & quando vuole vscire suonano le nacchere, che s'odono lunge cinque ò sei miglia, cò ciò intendendosi il Re volere andar fuori.

Tutti li Signori l'accompagnano, & li Portoghesi, de' quali grandemente si fida: ma rare volte parte dal suo palagio. Suole dar audienza due volte la settimana in publico, a cui parlano li grandi solamente: & perciòche non vi sono huomini, che habbiano beni proprij, ò poderi, ma il tutto è della corona, non si fanno litigi, se non di poche parole, non si vsando ne anco lo scriuere nell'idioma di Congo. Ne i casi criminali procedesi leggiermente, perciòche poche fiate si condanna alcuno alla morte, & gli eccessi, che commettono li MociConghi (così nomati nel suo proprio idioma gli habitanti del reame di Congo) co'Portoghesi giudicansi per le leggi de' Portogallo, & se fra loro accade alcun sinistro, il Re confina il malfattore in qualche Isola deserta, stimàdo essere maggior pena lo sbandire altri in quel modo a fin che faccia de suoi peccati penitenza, che giustitiarlo così in vn colpo, & s'auiene che coloro, i quali sono in cotal modo castigati viuano dieci ò dodeci anni, il Re suole perdonar loro, se sono di qualche consideratione, & anco se ne serue come d'huomini domati, & auezzi al patire nei seruitij dello stato.

Nelle ciuili dissensioni è ordinato, che se il Portoghese haue litigio col Mocicongo, vadi al giudice di Congo, & se il Mocicògo tiene piato co'l Portoghese, lo cita al consule, & giudice de'Portoghesi che hanno di sua natione concesso loro dal Re in quel paese. Nelle conuentioni tra loro, & con li Portoghesi non vsano scritture, ne instrumenti: ma sopra la parola, & con testimonij trattano li negotij.

Non serbano historie de'Regi antichi, ne memoria de'preteriti secoli, nò sapendosi scriuere, li tempi misurando generalmente con le lune: non sanno le hore del dì, ne della notte, & sogliono dire nel tempo del tale auenne vna tal cosa: determinano le distanze de'paesi non a miglio, ò spatio tale, ma a giornate d'huomini carichi, ò leggieri. In quanto al raunarsi in festa, ò allegrezza, come quando si maritano, cantano versi d'amore, & sonano alcuni leuti formati in strana figura; perciòche nel concauo loro, & nel manico simili per poco a nostri, tengono la parte piana doue s'intaglia la rosa di pelle sottilissima, come vesica, in vece di legno, & le corde sono de crini tratti dalle code de gl'Elefanti, forti, & lustri; & di certi fili nati del legno della palma, che dall'imo dello stromento ascendono al sommo del manico, & si annodano alli suoi cauigliuoli, che più lunghi, & più corti fra loro piegano inuerso il manico. A questi appendono piastre di ferro, & d'argento sottilissime, & di grandezza differenti à proportione dell'ordigno, le quali mandano fuori tintinno di varie maniere, secondo che vengono toccate le corde, le quali fanno tremare i cauigliuoli sentendosi da loro vn strepito intermisto. Li sonatori tirano le corde dell'instromento in proportione, & con le dita

DEL REGNO DI CONGO LIB. II.

le dita senza tasto a guisa d'Arpa percuotono maestreuolmēte il leuto, dal quale esce, non so io se dica melodia ò romore tale, che diletta al senso loro. Di più (cosa ammirabile) mediante quell'ordigno significano i cōcetti dell'animo suo, & fansi intendere tanto chiaro, che quasi ogni cosa, la quale cō la lingua si puote manifestare, con la mano dichiarano in toccando lo stromento, & à quel suono danzano a misura co' piedi, & battēdo palma a palma seguono il tempo di quella musica.

Hanno etiandio flauti, & piferi soffiati con arte nella Corte del Re, & insieme col suono vanno ballando, & mouendosi co' piedi quasi in moresca con grauità, & contegno. Il populo vsa piccole nacchere, & flauti, & altri ordigni, che suonano in più rozza maniera che li cortegiani.

In quel regno adopransi le medicine naturali dell'herbe, de gli alberi, & delle corteccie loro, & d'olij, & d'acque, & di pietre, che la madre natura hà mostrato loro: la febre è la più commune malatia, che corra, la qual suole infestare gli huomini magggiormente il verno per le pioggie apportanti caldo, & humidità, che la state: oltre à ciò, il male, che qui nominiamo Francese, & nell'idioma di Congo Chitangas iui nō è periglioso, ne difficile à sanare, come in queste regioni.

La febre si guarisce con la poluere del legno nomato sandalo rosso, & griso, che è il legno dell'Aquila, la qual poluere mescolata con olio di palma, & due ò tre volte cō loro vngendosi il corpo dell'infermo, del capo alle piāte, si troua bene. Si cauano sangue dolendo loro il capo dalle tēpie con certi piccoli corni, tagliando vn poco la pelle, & poi adattandoli quei cornetti, & con la bocca succhiando gli empiono di sangue, ilche vsasi anco in Egitto, & cosi in ogni parte della persona, doue sentono dolore, in quella maniera si traggono il sangue, & guariscono. L'infermità parimente nomata di sopra Chitangas medicano con la stessa vntione del sandalo chiamandosi il rosso Tauilla, & il griso Chicongo, essendo il griso più stimato; peroche si da vno schiauo per vn pezzo di esso, si purgano il ventre con alcune scorze d'alberi, fatte in poluere, & in qualche beueraggio prese, & fanno grande operationi, non guardandosi eglino dall'aere. Le ferite si curano col sugo dell'herbe, & con l'herbe stesse, & affermaua il detto Odoardo, che vide vno schiauo trapassato da sette colpi mortali di saetta, & ricuperossi con solo il succo di certe herbe da loro ben conosciute, onde quelle genti non sono ingombrate da tanti medici in Cirugia, & fisica, & drogherie, & siroppi, & lattouarij, & empiastri, & medicine, ma semplicemente con le piante natie guariscono, non ne hanendo ne anco mestieri, conciosia cosa, che viuendo sotto vn Cielo temperato, & non riempendosi di varij cibi l'appetito lusinganti, ò di vino caricandosi le malatie loro non si raunano dal cibo, ò dal beueraggio indigesto.

Delli paesi, che si trouano oltre al regno di Congo inuerso il Capo di Buonasperanza, & del fiume Nilo.   Cap. VIII.

VEduto il regno di Congo, & le conditioni del sito, & delle genti che l'habitano, & de circostanti populi, resta che discorriamo etiandio in breue del rimanente dell'Africa verso il capo di Buonasperāza per l'Oceano, che si nauiga nell'India infino al rosso mare, & poi infra terra verremo anco à ragionare del fiume Nilo, & del Prete Gianni, & de suoi regni, accio che per quanto comporta il nostro Thema diamo relatione di quelle regioni non così bene da ciascheduno dirittamente comprese. Oltra il reame di Congo habbiamo rāmemmorato ritrouarsi li paesi del Re d'Angola, & di là inuerso il capo di Buonasperanza vn Re che appellasi Matama, & le prouincie dominate da lui chiamate Climbebe, & questo reame, come habbiamo detto, dal primo lago, & dalli confini d'Angola abbraccia infino al rio Brauaghul, che nasce dalli monti della luna, & si congiunge col fiume Magnice, nascente dal sudetto primo lago, i quali monti restano diuisi dal Tropico del Capricorno inuerso il polo antartico: oltre al quale Tropico giace la terra, & il confine del capo di Buonasperanza, doue non signoreggia vn Re solo, ma Prencipi diuersi. Nel mezo infra quel capo, & il Tropico si eleuano li monti della luna tanto celebrati da gli Antichi, assegnādoli per le fontane del fiume Nilo, ilche è falso come il sito della terra dimostra, & più inanzi dirāsi: è questo paese occupato da monti alti, & aspri, & freddissima, & inhabitabile, frequentato da poche persone viuenti al modo degli Arabi alla campagna in piccole capanne, & vestite di pelle d animali, gente saluatica & roza, & di poca fede, che non permette li stranieri: l'habito loro è l'arco, & le saette, & si nutriscono di frutti, che la terra produce, & delle carni de'loro bestiami.

Fra questi monti della luna formasi vn lago detto Gale, piccolo inuerso ponente, dal quale esce vn fiume, che si dice Camissa, & da Portughesi il fiume dolce, & alla punta del capo di Buonasperanza và ad entrar in mare nel sito che si chiama capo falso. Imperoche nauigando li vaselli dell'Indie prima scuoprono vn altro capo maggiore appellato dell'Aguglie, & poi questo minore, & perciò lo dicano capo falso, essendo coperto dal vero, & gran capo. Infra questi due promontori, ò capi è la distanza di 100. miglia che determina l'ampiezza di questo famoso capo, il quale diuiso in due pūte quasi corna forma vn golfo, doue alcune volte i vaselli Portoghesi hanno fatto acqua nel fiume da loro dolce chiamato, & gli habitanti delle riuiere, che si albergano infra quelle punte, sono di color nero, quantunque il polo

Antar-

Antartico iui s'alzi 35. gradi (cosa strana) & negri anco sono gli alpestri de'monti freddissimi della luna, per auertire coloro, i quali inuestigano gl'effetti della natura, & li filosofi, che speculino, se il color nero è prodotto dal sole, o da altra cagione più occulta, che hora lascio in pendente. Et percioche questo è il più grande capo, & che si stende più in mare di acun'altro di tutto l'vniuerso mondo, & periglioso à passare (come sono anco tutti li promontorij) & doue il mare più è terribile, & dalla terra soffiano venti horribili, che rendono quell'Oceano tempestoso, nel quale sono perdute tante naui de'Portoghesi d'amirabile grandezza, & più non essendo ne anco per vdita conosciuto da gli antichi Itistoriografi, & discoperto dall'armate del Re di Portogallo in molto tempo, pare conueneuole dar qui di lui le misure, & vna chiara conoscenza, che seruirà etiandio ad intendere quanto grande sia la nauigatione da Portogallo in India, girando le riuiere del capo di Buonasperanza solamente quasi 6000. miglia, come poco inanzi diuiseremo.

Conciosiacosa, che dal fiume di Fernando Poo, doue incomincia il detto capo à spingere nel pelago infino alla punta, che dicemmo nomarsi dell'Agulie, si contino per riuiera più di 2200. miglia dal Settentrione all'Ostro, & per la contraria parte dalla stessa punta infino al capo di Guarda fù al dirimpetto dell'Isola di Soccotora, si annouerano più di 3300. miglia per la costa d'Ostro à Tramontana. Talche da Lisbona circondando i liti dell'Africa, & tutto il capo di Bonasperanza infino al regno di Goa sono più di 15. mila miglia. D'indi poi alla Malaca, & alla Cina, & piu oltre, si lunga via resta, che in alcun tempo già mai non fu interpresa nauigatione tanto grande, & perigliosa, quanto questa de'Portoghesi, nè con vaselli maggiori & minori. Chiamasi capo di Buonasperanza, percioche tutti quelli, che nauigano si in andando, come in ritornando mirano principalmente à varcare quel promontorio, & quando l'hanno girato, si tengono fuor' di periglio & quasi nauigati, & per questo desiderio gli posero nome capo di Buonasperanza.

Hor al proposito nostro ritornando, & à fauellare della costa dell'Africa dopo il capo dell'Agulie sono molti competenti ridotti, & porti, come il principale detto il seno formoso, & il seno del lago; peroche il mare forma iui vn golfo, in cui sono Isole, & porti, & piu auanti scorre nel mare il fiume di S. Christoforo, alla foce del quale surgono tre Isolette. Da indi innanzi scorre la riuiera per vn paese, che si noma da Portoghesi la terra della Natiuità; peroche in quel tempo fù scoperta la prima volta infino al capo della Pescheria. Infra il capo della pescheria, & il fiume Magnice stà il regno di Buttua, il quale si comprende dalle radici de'monti della luna per infino al fiume Magnice inuer la Tramontana; doue è il paese di Monomotapa, & inuerso Ponente dal fiume Bauagul, & inuerso il mare seguendo le ripe della fiumana Magnice. In questo regno sono molte caue d'oro, & gl'huomini

mini della stessa conditione de'populi di Monomatapa, come inanzi diuiseremo. Cosi andando per i liti dell'Oceano si troua il fiume Magnice, che da principio al regno di Sofala, & all'Imperio di Monomotapa.

Del regno di Sofala. Cap. IX.

Questo regno comincia dal fiume Magnice, il quale nasce dal primo lago, doue esce il Nilo, & si viene a mettere nel Mare al mezo del seno, che fa la punta della peschiera inuerso il capo chiamato delle correnti, situato in 23. gradi & mezo del polo Antartico sotto il Tropico del Capricorno. Con esso lui si giungono presso il mare altri tre fiumi notabili, il principale de'quali chiamasi da Portoghesi di S. Christoforo; percioche nel giorno di quella festa fu discoperto, & da paesani Nagoa. Il secondo si noma di Lorenzo Marches, che in prima ritrouollo. Questi due fiumi scaturiscono da monti della luna tanto rammemorati da gli antichi nomati da le genti del paese Toroa, ne'quali stimarono trare le fonti sue il celebre Nilo, ma s'ingannarono: conciosia cosa che (come è detto) da quelle montagne non sorga il primiero lago, anzi è egli molto lontano, & infra lui & esse giace vn piano basso, & le loro acque piouono inuerso Leuante, & danno l'acque ad altri fiumi grandi, siche non possono compartire l'acque ne al soprascritto lago, ne manco al Nilo, & massimamente vscendo dal lago primo il Magnice, il quale per differente corso al Nilo, và in Leuante, & si congiunge cõ le due ricordate fiumane. Il terzo fiume si chiama Arroe nascéte all'altra parte delle montagne delle caue dell'oro di Monomotapa, nel quale fiume si troua in qualche parte oro minuzzato in arena. Questi tre fiumi predetti entrano nel grande Magnice, presso il Mare, & tutti quattro insieme compongono vna fiumana, che sgorga nell'Oceano con letto larghissimo. Dalle foci di questo fiume per le riuiere del mare si allarga il regno di Sofala in fino al Rio Cuama, che prende il nome da vn Castello, & fortezza dell'istesso nome posseduto da Macomettani, & da géte pagana, & chiamasi da Portoghesi le bocche di Cuama; peroche al mare quel rio si diuide in sette bocche, doue surgono cinque Isole, oltre à molte altre, che sono al rouescio del fiume, & tutte assai populate da pagani, & esce il detto fiume dal medesimo lago, & dalle fonti, d'onde scende il Nilo. Cosi il regno di Sofala è compreso infra li detti due fiumi Magnice, & Cuama per la riuiera del Mare, & è poco, doue sono alcuni casali, & terre, capo delle quali è vn Isola, che giace nel fiume stesso nomata Sofala, che da il nome à tutto quel paese, habitata da Macomettani, & il Re è della setta medesima, il quale obedisce alla corona di Portogallo per non esser soggetto all'imperio di Monomotapa. Onde li Portoghesi tégono iui alla foce del fiume Cuama vna fortezza traficando in quelli paesi oro assai, & auolio, & ambra, che si troua in quella costa, & schiaui, inuece di tela di bombace, & di seta, che portansi da Cambaia,

baia, & è l'habito di quelle genti. Li Macometani, che al presente habitano in quei paesi non sono della terra nati, ma auanti che li Portoghesi per ueniffero in quelle regioni vi pratticauano con picciole barche della costa dell'Arabia felice, & signoreggiando li Portoghesi quelle contrade quei Macometani, che iui si trouarono fermaronuisi, & hora non sono ne pagani ne della setta di Macometto.

Dalli lidi, che sono infra questi due premostrati fiumi Magnice, & Cuama fra terra, si spande l'Imperio di Monomotapa, doue è quantità grandissima di caue d'oro, che vien portato in tutte le regioni vicine, & in Sofala, & nelle terre dell'Africa, & alcuni vogliono dire, che da questi paesi fosse per mare condotto l'oro à Salomone per lo tepio di Gierusalemme, il che non è fuor di verisimile; percioche nelle cotrade di Monomotapa si ritrouan molti edifitij antichi di gran lauoro, & di buona architettura di pietra, & calce & di legname, ilche non si vede nelle circonstanti prouincie.

L'Imperio di Monomotapa è grande, & di gente infinita gentile, & pagana, di color nero, molto animosa nella guerra, di statura mezana, & veloce, & vi sono molti Re vasalli al Monomotapa, i quali spesse volte si ribellano, & fan briga contra lui. L'armi loro sono archi, & saette, & dardi leggieri: Tiene questo Imperatore molti esserciti, & separati nelle prouincie, diuisi in legioni all'vsanza de Romani, peroche essendo gran Signore haue necessità di guerreggiare continuo per mantener lo stato suo. Fra le genti da guerra, che dicemmo, le più valorose in nome sono le legioni delle femine, stimate molto dal Re, & il neruo delle sue forze militari: queste bruciano col foco le loro poppe sinistre, à fine che non gli siano d'impaccio al saettare secondo l'vso dell'Antichissime Amazoni tanto celebrate da gli Historiografi delle prime memorie profane. Per arme adoprano archi, & saette & sono isnelle molto, & veloci, & gagliarde, & animose, & maestre nel saettare, & sopra tutto sicure, & salde nel combattere. Nelle pugne vsano grande astutia guerresca, peroche hanno per costume d'andarsi ritirando quasi con fuga, & mostrando d'essere in rotta: ma tuttauia riuolgendosi spesso, & infestando i nemici con le tratte delle saette: & quando veggono, che essi allettati dalla vittoria sono già dispersi, riuolgonsi di ripente contra loro con grande ardire, & gl'vccidono, & mediante la sua velocità, con aguati, & altre maestrie di guerra sono temute grandemente in quelle parti. Hanno dal Re in godimento certi paesi, oue dimorano da se sole, & à qualche tempo si congiongono con gl'huomini scelti da loro à suo diletto, per la generatione, & se partoriscono maschi, si gli portano alle case loro, & se femine se le serbano per se, à fine d'essercitarle nella guerra. L'Imperio di questo Monomotapa dunque giace in Isola, formata dalla costa del mare, & dal rio Magnice, da vn pezzo del lago donde esce, & dal fiume Cuama, & confina inuerso l'Austro con li Signori del capo di Buonasperanza, già scritti, & dalla Tramontana col Imperio di Monemugi, come appresso mostreremo.

mo. Hor tornando al nostro proposito, che è di scorrere la costa del mare, varcato il rio Cuama si troua vn picciol regno sul mare, che si chiama Angoscia, il quale prende il nome da alcune Isole del medesimo nome, situate al dirimpetto di lui, & habitato da gli stessi popoli Macomettani, & gentili, come il paese di Sofala, mercatanti, che in piccoli vaselli traficano per quella costa con le medesime robbe, che fanno anco quei di Sofala.

Più auanti subitamente si troua il regno di Mozãbiche posto in 14. gradi & mezo inuerso l'Austro, il quale prende il nome da tre Isole, che surgono alla foce del fiume Meghincate, doue è vn porto grande, & sicuro, & capeuole d'ogni maniera di nauilio. Il reame è piccolo, ma abondante d'ogni sorte d'alimenti, & scala di tutti li vaselli, che nauigano da Portogallo, & dall'India à quel paese. In vna di queste Isole, che è la principale, & capo nomata Mozambiche dinominante tutte le altre, & anco il regno, e il porto sopradetto, nel quale è fabricata vna fortezza con guarnigione di Portoghesi, dalla quale dipendono, & si prouegono tutte le altre fortezze, che sono in quella costa, & l'armate, che nauigano da Portogallo all'Indie, se non possono compire il camino, vanno à passare il verno à Mozãbiche, & quelli, li quali d'India sciolgono per Europa, di necessità afferrano Mozambiche per fornirsi di vittouaglie.

Questa Isola quando li Portoghesi discoprirono l'India fu la prima, d'onde pigliassero lingua dell'India, & pedotti, che loro il camino insegnarono sono gentili li popoli di questo regno, & rozi, & di nero colore, & vãno ignudi, & sono valenti arcieri, & pescatori con hami d'ogni maniera. Seguendo la premostrata costa, si troua vn'altra Isola chiamata Chiloa, non grande in quantità, ma d'eccellenza singulare; percioche è fresca, & fornita d'alberi sempre verdi, & produce ogni varietà di vittouaglia, & sorge alla foce del fiume Coauo, il quale nasce dal lago medesmo del Nilo, & prendendo il rio lascia sessanta miglia presso il mare, corre grosso, & alla bocca forma vna grande Isola popolata da Macometani, & idolatri, & più oltre inuerso la costa dell'Occidente si vede la detta Isola di Chiloa.

La detta Isola è habitata da Macomettani quasi biãchi, ben vestiti, & ornati di panni di seta, & di bambagia, & le loro femine vsano ornamenti d'oro alle mani, & al collo, & gioie, & hanno masseritie assai d'argento, & sono meno brune de gli huomini, & ben proportionate nelle membra. Li casamenti veggonsi ben fatti di pietra, & calce, & legname lauorato, & di buona architettura, con giardini, & horti d'herbe, & frutti diuersi, & da questa Isola prese il nome il regno, il quale per riuiera si stende dal capo Delgado cioè dilicato, che è il confine di Mozãbiche, & di Chiloa, & è posto in gradi noue verso l'Austro: d'indi il regno di Quiloa, di cui ragioniamo, corre in sino al fiume Coauo sudetto.

Nel tẽpo antico il regno di Quiloa era capo di tutti li principati circostãti, & presso il mare, & perciò quando li Portoghesi arriuarono in quelle cõ
tra

DEL REGNO DI CONGO LIB. II.

trade, si cōfidò quel Re di potere cō le proprie forze nō solo difendersi da essi, ma anco cacciargli da quei luoghi da loro già presi; ma il fatto succedette al cōtrario; pcioche venēdo all'armi, fù rotto, & scōfitto da Portoghesi, & se ne fuggi, & essi occuparono l'Isola, & vi guadagnarono ricche spoglie, & prede, & vi edificarono la fortezza, che poi fu ruinata per ordine del Re di Portogallo, stimādo nō esseriui necessaria, trouādosene altre p quella costa.

Qui non si debbe lasciare à dietro l'Isola di S. Lorenzo, la quale da Portoghesi fù scoperta la festa di quel martire, & percio così chiamata, & è tanto grande, che tiene di lunghezza quasi 1000. miglia, & stà al dirimpetto della riuiera da noi scritta, incominciando al diritto delle foci del fiume Magnice, che sono in gradi 26. dell'Austro, & seguendo inuerso il Settentrione, finisce contra le bocche del fiume Coaua nel regno de Chiloa, & formandosi vn canale di essa, & della terra ferma, il quale è largo all'entrata di Ponēte 340. miglia, & nel mezo, che è più stretto contra l'Isola del Mozambiche 170. & nel rimanente si allarga molto inuerso l'India comprendendo molte Isole. Le naui, che di Spagna vanno all'India, ouero tornano, quasi sempre, se dal tempo non sono sforzate, passano di dentro, per lo canale, & per certo meriterebbe questa Isola d'essere popolata da miglior gente, essendo fornita d'ottime cōditioni; peroche ha molti porti, & sicuri, & è adacquata da fiumi diuersi, che fāno pdurre la terra frutti di spetie diuerse, come legumi, riso, & altri grani, aranci, limoni, & cedri, & simili pomi, & carne d'ogni maniera, & galline, & seluaggiumi, come porci, cerui, & simili, & il tutto è saporito per essere la terra grassa, & li pesci buonissimi. Gli habitanti sono Pagani con alcuni pochi della setta di Macometto di colore mulato, che è trà il bruno, & il bianco, molto bellicosi, & dati all'armi, che sono archi, & saette, dardi di legno sottile & ben forniti di ferro, nel quale lauorano alcuni vncini, quasi hami, & gli lanciano maestreuolmente, & adoprano scudi, & corazze di cuoio d'animali, conche riparano i colpi nel combattere. E cō partita quell'Isola in diuersi principi, nemici fra loro, perciò guerreggiano continuo, & si perseguitano con l'armi, vi sono caue d'oro, d'argento, & di rame, & di ferro, & di altri metalli; ma le genti saluatiche, non vsano di nauigare fuor' dell'Isola: ma solamente da vn lato all'altro di lei vanno costeggiando i liti con barche d'vn solo tronco d'albero, & la più parte non raccoglie li forastieri nè consente, che vi si trafichi, ò conuersi.

Con tutto ciò in alcuni porti vsano li Portoghesi di trattare cō quei dell'Isola senza tuttauia smontare in terra, prendendo Ambra, cera, argento, rame, & riso, & qualche altra cosa. In questo canale surgono diuerse Isole maggiori, & minori populate da Macomettani. La principale è l'Isola di S. Christoforo, & poi quella di S. Spirito, & vn'altra si dice Magliaglie, & il rimanente, come quella del Comoro, Anzoame, Maiotto, & alcun'altra.

Ma tornando alle riuiere del mare, seguendo la medesima costa del regno di Chiloa, che dicemmo, trouasi il regno di Mombazza in altezza de 3. gra
X 2 di, &

di, & mezo inuerſo l'auſtro, il quale prende il nome da vn Iſola habitata da Macomettani, che pur diceſi Mombaza, doue è vna bella Città con caſamē ti di più ſolari, forniti di ſcolture, & pitture, di cui è Re vn Macomettano, il quale volendo fare à Portogheſi reſiſtenza, gli auenne come à quello di Chiloa, talche fu depredata quella Città da loro doue trouarono aſſai oro, rgento, & perle, & panni di bambagia, & di ſeta, & d'oro, & altro.

Giace queſto regno infra li confini di Chiloa, & di Melinde, & è habitato da Pagani, & da Macomettani, & obediſce all'iperio di Monemugi. Più oltre ſi capita nel regno di Melinde, il quale parimente piccolo, ſi ſtéde per la coſta del Mare ſin al fiume Chimanchi, & giace in due gradi, & mezo d'altezza, & contra il corſo di quel fiume ſi giunge al lago Calice per 100. mi glia infra terra. Preſſo il mare lungo la ripa di queſto fiume è vna groſſa terra habitata da Pagani, & da Macomettani di colore quaſi bianco, le caſe loro ſono fabricate al noſtro modo, & in particolarità li montoni ſono grandi il doppio di quelli del noſtro paeſe; peroche li diuidono in cinque parti, contando la coda per vno, che peſa 25. ò 30. libre.

Le femine ſono biāche, & ſi adornano alla Arabeſca popoſamēte di pāni di ſeta, & al collo, & alle braccia, & a piedi, vſano di portare monili d'oro, & d'argēto, & vāno fuori di caſa coperte di zezado in maniera, che ſe nō vogliono, nō ſono conoſciute. In queſta terra ha buō porto, & è ſcala de'vaſelli, che nauigano per quei mari, & generalmēte gl'huomini ſono amoreuoli, & veraci, & cōuerſano co'foreſtieri, & in ogni tēpo hāno accolto, & accarezzato i Portogheſi, & fidatoſi di loro, ſenza fargli gia mai torto in cōto veruno.

Nel mare di queſti due capi di Mombazza, & di Melide ſurgono tre Iſole, la primiera ſi chiama Monfie, la ſecōda Zanzibar, & la terza Pēba, habitate da Macomettani ſolamēte, che hāno il color biāco, & ſono molto abōdāti, come l'altre, che di ſopra habbiamo cōmemotato, & le gēti poco date all'armi, mà più toſto à lauorare la terra; peroche vi naſce il Zuccaro, che in picciole barche portano à vēdere nella terra ferma, inſieme con altri frutti di quella contrada. Oltre à queſti tre reami ſopraſcritti Chiloa, Melinde, & Mombazza infra terra, ſi allarga l'Imperio grāde di Monemugi verſo l'Occidēte, il quale hà li ſuoi cōfini nella parte dell'auſtro col regno di Mozābiche, & col Imperio di Monomotapa al fiume Coauo, & per l'Occidente col rio Nilo infra li due laghi, & à Settētrione hà per termine l'Imperio del Prete Gianni. Verſo il mare ſtà in pace queſto Imperatore con li re ſudetti di Chiloa, di Melinde, & di Mombaza per cagione del trafico, & per aſſicurare il comercio del mare, dal quale vengono cōdotte molte tele di bābagia, & drappi di ſeta da parti diuerſe, & altre mercātie ſtimate molto in quelle cōtrade, & in particolare le palotte minute, che ſi fanno nel regno di Cābaia di certo bitume alla ſēbiāza del vetro, di colore quaſi roſſo, di che in mataſſe, come collane, s'ornano il collo, & ſeruono anco di moneta (non apprezzandoſi l'oro.) & panni di ſeta, con li quali ſi veſtono dalla cintura in giù

in bain baratto delle quali cose danno quei populi oro, argento, rame, & auolio. Ma dall'altra parte inuerso il Monomotapa essercita guerra continua alcuna volta tanto sanguinosa, che malageuolmète si discerne tra loro vittoria; peroche in questo confine concorrono due potéze le maggiori, & più guerriere di tutte quelle regioni, cioè dalla parte del Monomotapa escono in cāpagna l'Amazoni; delle quali è scritto, & da quella del Monemugi li Giachi così detti da Mocicóghi, ma nell'Idioma loro si nomano Agagi, i quali dicémo hauere altre volte grādemète afflitto il reame di Cógo, ne sono meno forti, & animosi dell'Amazoni, ma gente di colore nero, con sembianti presontuosi. Vsano costoro di segnarsi dal labro di sopra in su le gote con linee fatte col fuoco, & col ferro, & più di riuoltarsi le palpebre de gl'occhi al rouescio: onde essédo neri di pelle, & in quell'oscuro mostrando il candido de gl'occhi, & quei segni del volto è strana cosa a uederli, & ispauentosa & diabolica. Sono grandi di corpo, & deformi, & viuono alla bestiale in cāpagna, mangiando carne humana. Nel combattere mostransi oltra modo coragiosi, & mettono strida horribili per impaurire gl'auersarij, le armi loro sono dardi, & palues di cuoio, che tutta la persona gli cuoprono, & con essi riparansi: s'accampano alcuna volta con loro ficcādoli in terra ad vso di steccato, ouero andando inanzi nel combattere, si cuoprono, & offendono l'auersario con le tratte de dardi. Così per maestria di guerra infestano i nemici ordinatamente, aspirando à far che consumino il saettamento vanamente in quelle loro targhe, & poiche lo veggono finito, essi rinouano gagliardamēte la pugna, & li cacciano in fuga, & amazzano, & in questa maniera s'adoprano contra i nemici, & le Amazoni. Ma elle che di ciò sono ben esperte con altre astutie militari, che habbiamo rammemorato, pugnano, & la forza sua con la lor velocità & maestria di guerra combattono, assicurandosi, che se fossero prese da essi le mangierebbono, onde con animo raddoppiato menano le mani per vincere, & in ogni maniera saluare la vita da quella fiera turba, & crudele: commettono dunque in cotal modo li fatti d'arme, sempre con mortalità d'amendue le parti. Questi Agagi habitano il principio del fiume Nilo nel vscir verso Tramontana del lago ad ambedue le ripe infino à certo termine, & poi in tutte le Ripe dell'occidēte del detto Nilo infino al secondo lago, & à termini dell'Imperio del Prete Gianni. Di questi Agagi era conueneuole aggiungere tutto ciò che di sopra fu tralasciato: fra li confini del quale Monemugi, & del Prete Gianni vi uono alcuni piccoli signori, & populi di colore bianco, che vbidiscono hor all'vno, & hora all'altro de questi due prencipi, & sono genti di statura molto più grande de gl'altri huomini di quelle contrade.

Del rimanente della costa del mare Oceano infino al rosso Mare, & dell' Imperio del Prete Gianni, & de suoi confini, & del celebre fiume Nilo, & della sua origine. Cap. X.

HOra il primo detto della costa ripigliando, dopo il reame di Melinde verso il capo di Guarda fuy trouansi molti luoghi habitati da Macometani lungo la marina di colore bianco, nella quale sono alcuni buoni porti, doue traficano le naui di paesi diuersi con le mercantie sudette, il primiero de quali luoghi nomasi Patee, il secondo Braua, il terzo Magadoxo, & il quarto Affion, & in vltimo sporge fuori il promontorio famoso, & capo di Guarda Fuy: il quale per essere grande, & ispingere molto in mare, li nauilij, che vengono d'India, & d'Ormus, & dell'Arabia felice tutti lo riconoscono. Et è il sito, & il paraggio, doue li Portoghesi sogliono attendere, & ispiare con le loro armate ogn'anno li vaselli de Macometani, che nauigando carichi di pretiose merci in quelle parti senza licenza, essendo eglino signori del trafico, & comertio delle spetiarie, & d'ogn'altra robba che dall'India si trahe. A tanto che ogn'anno l'armata de Portoghesi vi fa grã preda di naui di mercantie, come fanno gl'Inglesi, & li Francesi al capo di S. Vincenzo.

Hor girando il capo sudetto di Guarda Fuy, inuerso il rosso mare si trouano altre terre, & porti de'Macometani, il primo de'quali dicesi Meth, l'altro più auanti Barbora, doue hà fine il colore bianco de gli homini, & incomincia il nero, & poi trouasi Ceila, & Dalaca, & Malaca, & Carachin, & questa costa si chiama nell'Idioma del paese Baragiam, doue habita gente negra, & in arme valente, & veste dalla cintura in giu di tela di bambagia, & li piu honorati portano cappe col capuccio, che sono li saghi Romani, detti Bernussi, sopra le spalle, & abonda d'oro, & d'auolio, & di metalli, & di vittuaglie di tutte le maniere.

Da poi si veggono le bocche, & foci del rosso golfo, ò mare, che si dica, conosciute da tutti, le quali sono due formate da vn Isola nomata Babelmandel, la primiera inuerso l'Occidẽte è larga 15. miglia, & di buon fondo per cui varcano tutti li vaselli grossi, & l'altra piccola ristretta in cinque, ma piena di Secche, & scanni d'arena, & di scogli, talche tutta la foce è di 30. miglia, & l'vn capo inuerso l'Africa di lei si chiama Rosbel, & l'altro Ara ver la felice Arabia. D'indi s'allunga la riuiera occidẽtale del detto golfo infino al Sues, che è l'vltima terra di lui à Tramontana distante dalle foci 1200. miglia. Tutto questo golfo di quà, & di là presso i lidi è molto ingombrato da Isolette, & secche di poco fondo, & nel mezo solo è libera la nauigatione, perne; percioche scorrendo il mare seguendo il mouimento dell'Oceano con gran velocità, tiene il canale del mezo netto, & fondo, rigittando alle riuiere la rena.

Hor douendo far mentione dell'Imperio del Prete Gianni, che è il maggiore, & più ricco Prencipe, che si troui in tutta l'Africa, diciamo breuemente, che lo stato suo è compreso hora dalle foci del rosso mare infino all'Isola di Siene, che è sotto il Tropico del Cancro, eccettuate le riuiere del detto mare, le quali da 50. anni in quà egli per trascuraggine hà perduto, hauendogliene tolto il Turco. Si che il confine dello stato di lui in uerso Greco, & Leuante è la più parte del rosso mare, & in Tramontana l'Egitto, li diserti della Nubia, & dall'Ostro il Monomugi, dimaniera, che così alla grossa contando puote girare l'Imperio di questo Re Christiano forse 4000. miglia. La Città principale doue più dimora, & tiene la Corte chiamasi Belmalechi, & domina molte prouincie, che hanno Re, & lo stato è ricco, & abondante d'oro, d'argento, di pietre pretiose, & d'ogni sorte di metallo. La gente è di varij colori bianca, negra, & mezana di buona statura, & di buon sembiante. Li cortegiani, & signori si vestono bene di panni di seta con oro, & gioie, vi è legge nel vestire infra li gradi de gli huomini, peroche si trouano alcuni populi, à quali non è permesso il vestirsi d'altro, che pelli acconcie.

Sono Christiani in maniera però che alcune cirimonie della legge degli Hebrei osseruano, & nella festa della Madonna d'Agosto si raunano tutti li Re, & signori principali nella Città sudetta per celebrare quella festa, portando ciascuno il tributo, che deue al suo Re, & li populi d'ogni parte vengono in pellegrinaggio à quella deuotione. Si celebra vna molto solenne processione, & dalla Chiesa, donde esce, leuano vna imagine della Vergine Madre di Dio grande come vna comune persona, tutta d'oro, la quale imagine hà per occhi due ricchissimi, & grandi rubini, & tutto il rimanente del corpo della statua è fornito, & adornato di gioie, & di lauori diuersi, & è portata sopra vn palco d'oro d'ammirabile manifattura.

In questa processione esce in publico il Prete Gianni sopra vn carro d'oro, ouero sopra vn'Elefante somigliantemente tutto ornato di gioie, & di cose tali pretiose & rare, vestito di panno d'oro, & è tanta la moltitudine della gente, che corre à veder questa imagine, che molti moiono per la calca suffocati. Chiamasi questo Re Prete Iani con vocabolo corrotto, l'intero è Bel Gian, Bel significa il sommo, & perfetto, & più eccellente di ciascuna cosa, & Gian Prencipe, & Signore, & conuiene ad ogn'vno, che ha stato, & giurisditione. Belgian dunque viene à dire sommo Prencipe, & pertiene così congiunto al Re solo, il quale etiandio porta il cognome di Dauid, come gl'Imperatori di Cesare.

Resta che discorriamo del Nilo, il quale nō nasce nel paese del Bel Giā, ne manco dalli monti della luna, ne come scriue Tolemeo dalli due laghi

posti

posti da esso al pari dall'Oriente, al Ponente con la distanza di forse 450. miglia tra loro. Percioche nell'altezza del polo medesmo, che il predetto auttore pone quei due laghi, giace anco il Regno di Congo, & d'Angola inuerso Ponente, & dall'altra parte à Leuante l'Imperio di Monomotapa, & il regno di Sofala, con la distanza da mare à mare di 1200. miglia. Hor in questo tratto affermaua il Signor Odoardo non trouarsi se non vn lago solo, il quale stà alli confini d'Angola, & di Monomotapa, che haue per diametro 195. miglia, dalla parte Occidentale, del qual lago danno informatione gl'huomini d'Angola, & dell'altra parte inuerso Oriente quei di Sofala, & di Monomotapa: à tanto che di lui si hà piena cõtezza, nulla mentione facendo d'altri laghi, onde si conchiude non trouarsene altri in quella altezza di gradi.

Ben è vero, che vi sono due laghi, ma posti in sito al tutto cõtrarij di quello che scrisse Tolemeo; percioche egli, come è detto, colloca li suoi al pari dal Ponente al Leuante, & questi che hora si veggono sono situati dall'Ostro inuerso la Tramontana per linea quasi diritta con la distanza di forse 400. miglia tra loro. Alcuni in quei paesi han per opinione, che dal primo lago vscendo il Nilo si nasconda sotto la terra, & poi risorga, & altri lo negano: ma il Signor Odoardo affermaua, che la più verace historia di questo fatto è che il Nilo non si nasconda sotterra: ma che scorrendo egli per valloni horribili, & diserti senza fermo canale, doue non praticano gl'huomini, si dica, che si abbasi nell'intimo della terra.

Da questo primo lago veramente nasce il Nilo, il quale stà in 12. gradi verso il polo Antartico, & quasi conca è circondato d'ogni intorno da monti eleuatissimi, li maggiori de quali chiamansi Cafates per Leuante, & li gioghi del salnitro, & dell'argento dall'vna parte, & dall'altra d'altri monti Il qual Nilo scende per 400. miglia al diritto in Tramontana, & entra in vn altro grandissimo, che li paesani chiamano mare, maggiore del primo, percioche tiene per trauerso 220. miglia, & è sotto la linea dell'Equinottiale.

Di questo lago secondo si hà certa informatione da gli Anzichi vicini à Congo, li quali traficano in quelle parti, & dicono in questo lago essere genti, che nauigano in nauilij grandi, & sanno scriuere, & vsano numero peso, & misura, che non haueuano in quelle parti di Congo, & che fabricauano le case loro di pietra, & calce, paragonando li costumi di quelle genti con quelli de' Portoghesi. D'onde s'argomenta, che l'Imperio del Prete Gianni non deue essere d'indi molto lontano. Dal predetto secondo lago và correndo il fiume Nilo all'Isola di Meroe, con la distanza di 700. miglia, nel quale si mettono altri fiumi.

Il principale de quali è il fiume Colues, così nominato, peroche esce dal lago di quel nome, posto alli termini di Melinde, & peruenuto il Nilo à Meroe, si diuide in due rami, & abbraccia vn terreno alto, che si dice Meroe alla de-

DEL REGNO DI CONGO LIB. II.

la destra della quale Meroe inuerso Leuante scorre vn fiume nomato Abagni, che nasce dal lago Bracina, il qual fiume attrauersa l'imperio del Prete Gianni infino alla detta Isola, & dall'altra parte verso Ponente scorrono altri fiumi tra quali è il Saraboe.

Il Nilo dūque presi questi fiumi in se, & girata quell'Isola cō le sue braccia, più grosso di prima si raggiunge vn altra volta in vn canale, & per l'Ethiopia, che si chiama sopra l'Egitto, va à capitare alle cadute, le quali sono formate da vn vallone altissimo, che si ristringe iui, & chiude in piccolo letto il fiume, che dall'alto a basso cade con fracasso horribile, presso l'Isola di Siene, & d'indi adacquando l'Egitto sgorga l'acque sue nel Mediterraneo, che giace al dirimpetto dell'Isola di Cipri con due rami principali, l'vno nominato al presente di Damiata in Leuante, & l'altro di Rossetto in Ponēte.

Et poscia che siamo peruenuti alla fine di questa scrittura col Nilo, è conueneuole, che si tocchi in somma la cagione del suo crescere. Si come habbiamo narrato di sopra la principal cagione dell'aumento del Nilo è la gran quantità dell'acqua, che piove dal Cielo in quel tempo, che comincia la primauera in questi paesi di quà, & di là il verno, che è largamente parlando al principio d'Aprile; la qual acqua non è come questa de' paesi d'Europa, anzi cade tanto copiosamente, & si versa, come per secchioni, & non minutamente à gocciole, che cadendo ella con tanto impeto, & quantità, la terra non la puote sciugare, & bere; perche essendo alpestre, & china, scorre con furia nelle fiumane, & le gonfia, & fà montare à merauiglia, & traboccare, & maggiormente essendo le pioggie continue cinque lune, cioè d'Aprile, di Maggio, di Giugno, di Luglio, & d'Agosto, ma principalmente di Maggio, di Giugno, & di Luglio, doue è la più gran forza dell'acqua.

Cosi auiene, che essendo il paese montuoso, come è detto, & d'altissimi gioghi, & per conseguente fornito di varij torrenti, & di fiumicelli, & di laghi, tutti questi vanno à congiungersi ne i letti de' fiumi maggiori, & gli formano grandissimi, & portanti più acqua di tutti gl'altri dell'vniuerso mondo, & in laghi si ampi, che è merauiglia, come si vede nel disegno di capo di Buonasperanza, & di tutti questi regni di Congo, & de' circostanti, in cui stagnano laghi di si sformata grandezza, che nelle lingue di quelle regioni si chiamano mari.

Onde il fiume Nilo si vede nelle premostrate stagioni dall'vna parte scorrere furiosissimo da quei paesi in Tramōtana ad inaffiare l'Egitto, & il Zaire, & il Niger dall'altra in Ponente, & in Leuante, & nel mezo giorno altre grossissime fiumane, che à certi, & diterminati tempi non fallano gia mai di crescere à guisa del Nilo. Et questo è l'effetto loro, che ogn'anno si vede, & massimaméte in Cairo, & in tutto l'Egitto, doue il Nilo incomincia a crescere d'intorno alla fine di Giugno, & perseuera montando fin à 20. di Settembre, come io ho veduto.

Ma la cagione di cotal' aumento infino al presente tempo è stata molto oscura,

oscura, & quantunque per poco tutti gl'antichi habbiano lasciato scritto incominciando da Homero, che il Nilo cresca per le pioggie, tuttauia non l'hanno così distintamente diuisata, come hora fà il Signor Odoardo, testificando l'effetto di veduta. Percioche alcuni asegnarono per cagione del suo traboccare le pioggie nascenti da monti della luna, altri le neui, le quali si struggono in quelle montagne, non surgendo tuttauia il Nilo presso i monti della luna, ma lontano inuerso mezo giorno, & oltre à ciò recando quella stagione di verno, anzi neue, che caldo per dileguarla.

Hor hauendo io con certi capi, da me prima formati, con diligenza domandato le cose predette, & egli medesmo da se proposte altre, come huomo di alto affare, che è, & essendomi fatte le risposte di sopra spiegate in questo discorso, io mi rendo certo, che non rimarrà così à pieno ciascun pago, & contento, & massimamente il curioso & prattico del mondo, & scientiato. Il Geografo vorrà saper da vantaggio, & il medico, & il mastro delle caue delli metalli, & l'Historiografo, & il mercatante, & il marinaio, & il predicatore, & forse altri per suo talēto di professione differenti. Ma il Signor Odoardo promise di tornare quanto più tosto gli fosse possibile à Roma da Congo per doue egli subitamente, fornito questo trattato, che fù di Maggio l'anno 1589. nauigò con ampissime informationi di quanto qui manca, & del Nilo, & della sua origine, & d'altro. In tanto non è poco ciò che si contiene in questi fogli: & se trouerà altri alcuna cosa vtile, & nuoua, & dilet-
teuole, & di passa-
mento di noia
debbe saperne buon grado al Molto Illustre
& Reuerendissimo Monsignor Antonio Migliori Vescouo di S.
Marco, & Commenda-
tore di S. Spi-
rito,
che di questa opera, in
publico profitto,
è stato l'Au-
tore.

IL FINE.

REGISTRO

† A B C D E F G H I K.

Tutti sono fogli intieri, eccetto K, che è vno e mezo.